싸우지 않고 배려하는
형제자매 사이

SIBLINGS WITHOUT RIVALRY
Copyright ⓒ 2012, 1998, 1987 by Adele Faber and Elaine Mazlish
All rights reserved.
Korean translation copyright ⓒ 2023 by Choroki Publishing
Korean translation rights arranged with W.W. NORTON & COMPANY, INC.,
through EYA Co.,Ltd

이 책의 한국어판 저작권은 EYA Co.,Ltd 를 통해
W.W. NORTON & COMPANY, INC.와 독점 계약한 '도서출판 초록아이'가 소유합니다.
저작권법에 의하여 한국 내에서 보호를 받는 저작물이므로 무단 전재 및 복제를 금합니다.

싸우지 않고 배려하는 형제자매 사이

초판 1쇄 발행 2014년 09월 15일
초판 8쇄 발행 2024년 01월 23일

지은이 아델 페이버·일레인 마즐리시
펴낸이 김은선

펴낸곳 초록아이
주 소 경기도 고양시 일산서구 주화로 180 월드메르디앙 404호
전 화 031-911-6627
팩 스 031-911-6628

등 록 제 410-2007-000069호(2007. 6. 8)
ISBN 978-89-92963-84-8

푸른육아는 도서출판 초록아이의 임프린트로 육아서 브랜드입니다.

＊잘못된 책은 바꾸어 드립니다.
＊푸름이닷컴(www.purmi.com) 홈페이지를 방문하시면
　푸름이 아빠 엄마의 육아 상담 및 생생한 육아 정보를 무료로 보실 수 있습니다.

아이들의 질투와 싸움을
다스리고, 아이 하나하나를
특별하게 사랑하는 기술

싸우지 않고 배려하는
형제자매 사이

아델 페이버 · 일레인 마즐리시 지음 | 김혜선 옮김

푸른육아

머리말

부모의 사랑을 독차지하기 위한
형제자매 간의 싸움

"아이들이 싸울 때는 어떻게 해야 할지 모르겠어요. 누구 편을 들어줄 수도 없고요."

"제가 말리기 전까지는 아이들이 스스로 싸움을 끝내는 법이 없어요. 미치겠다니까요!"

"둘이 만나기만 하면 싸워요. 혼자 있을 때는 괜찮다가도 둘이 같이 있으면 싸우니까 저도 이젠 참을 수가 없어요."

많은 부모들이 이 문제로 고민을 하고 있는 것만 보더라도 형제 간의 싸움은 평범한 가정에 심한 스트레스와 불화를 일으키는 요인임에 분명하다.

두 아이가 부모의 사랑을 독차지하기 위해 서로 경쟁하고 있다고 하자. 한 아이가 다른 아이보다 똑똑하다면 다른 아이는 질투심을 갖게 될 테고, 부모가 조금이라도 잘해 주는 것처럼 보이면 금세 원망을 하며, 좌절감은 더욱 커질 것이다. 이러한 현상은 두 자녀 이상을 둔 거의 모든 가정에서 일어나는 일이어서 부모 역시 큰 스트레스로 다가오지 않을 수 없다.

그런데 우리는 형제 간의 싸움이 부모에게는 아드레날린을 분비시키는 일이라 할지라도 뭔가 긍정적인 면도 있지 않을까에 대해 생각해 보기로 했다. 대다수 육아서들 역시 형제 간의 싸움에 대해 부정적인 면만 있는 것이 아니라 긍정적인 면도 있다고 이야기하고 있다. 아이들이 서로 싸우는 과정을 통해 강해지거나 유연성을 기르고, 해야 될 말과 하지 말아야 할 말을 배우며, 자신의 주장을 펼치는 법과 타협하는 법을 배운다는 것이다. 한편 상대방의 재능을 가지고 선의의 경쟁을 한다는 점도 무시할 수 없다고 한다.

반면 부정적인 점을 꼽으라면 서로 싸우면서 받은 상처가 어른이 되어서도 평생 동안 지워지지 않고 남아 삶을 좌우한다는 것이다.

이를 치료하고 예방하는 데 주안점을 두었던 우리는 형제 간의 싸움이 왜 끊이지 않고 일어나는지 곰곰이 짚어보는 게 중요하다는 결론을 내렸다.

형제 간의 싸움은 왜 일어날까? 전문가들은 부모의 사랑을 독차지하기 위해서라고 진단한다. 아이들은 태어날 때부터 자기들이 생존하는 데 꼭 필요한 음식이나 잠자리, 따뜻한 보살핌, 자부심과 신뢰 등이 모두 부모로부터 나온다는 사실을 알고 있다. 그래서 부모의 사랑을 독차지하기 위해 애를 쓴다. 다시 말해 부모의 사랑과 격려를 통해 아이는 환경에 잘 적응하고 자신감을 가지며 이 세상을 살아가는 힘을 얻는 것이다.

따라서 자연히 한 집에 살고 있는 형제가 경쟁 상대가 될 수밖에 없다. 아이들은 형제가 존재한다는 사실만으로도 자기들의 몫이 줄어든다고 생각한다. 부모의 관심이 줄어들고, 부모와 같이 지내는 시간도 형제와 나누어야 하며, 부모한테 인정받는 것도 줄어든다고 생각하는 것이다.

또한 부모가 어느 한 형제를 칭찬하고 관심을 가지면 자기는 그 형제보다 못났다고 생각하여 금방 위축되며, 심지어 자기한테 무슨 문제가 있다고까지 생각한다.

그래서 부모 입장에서는 아이들이 부모의 사랑을 받기 위해 최선을 다하고 온 힘을 다해 싸우며 자기가 무조건 많이 가지려고 하는 것을 충분히 이해해 주어야 한다. 아이들은 엄마 아빠를 독차지하고 먹을 것을 더 많이 갖고 자기 장난감에는 손도 못 대게 해야 비로소 마음이 푹 놓이는 것이다.

  이런 아이들을 양육해야 하는 부모로서는 정말 커다란 숙제가 아닐 수 없다. 아이들로 하여금 항상 사랑받고 있다는 것을 알게 해줘야 하고, 형제들과 나누며 도와주고 배려해야 하는 걸 알려줘야 하는 것이다. 나아가 앞으로 인생을 살면서 형제자매가 슬픔과 기쁨을 함께 나눌 친구가 되도록 기초를 다져주어야 한다.

  그렇다면 부모들은 이 문제를 어떻게 풀어나가고 있을까? 우리는 부모들에게 다음과 같은 질문을 했다.

1. 아이들이 형제와 잘 지내기 위해 부모로서 어떻게 행동하고 있는가?
2. 아이들의 관계를 더욱 악화시키는 당신의 태도가 있다면 그것은 무엇인가?
3. 당신이 어렸을 때 당신과 형제 사이를 악화시켰던 부모의 행동 중에 기억나는 게 있는가?
4. 어린 시절, 당신이 형제와 싸우지 않도록 하기 위해 당신 부모는 무엇을 했는가?

이밖에도 어린 시절에 형제 사이가 좋았는지 나빴는지, 지금은 어떻게 지내는지, 그리고 이 책에서 다루면 좋을 내용들에 대해 질문을 했다.

아울러 다양한 사람들을 만나 어린 시절 형제 관계가 어땠는지 직접 묻기도 했다. 세 살부터 여든여덟 살까지 남녀노소를 막론하고 말이다.

모든 자료를 모은 우리는 마침내 형제 간의 경쟁을 주제로 하는 부모 교실을 열었다. 수차례에 걸친 부모 교육 모임을 통해 부모들과 이야기를 나누었는데, 열성적인 부모가 있는가 하면 소극적인 부모도 있었다. 그리고 최악의 상황에 처해 있어 무슨 일이든 하지 않으면 안 되는 부모도 있었다.

물론 그 모임에 참석한 부모들은 열심히 기록하고 질문했으며, 자신이 맡은 배역을 잘해 냈고 집에서 해야 할 과제도 성실하게 수행해 왔다.

수년 동안 이런 부모 교육 모임들을 통해 얻은 성과물을 이 책에 기록했다. 우리는 부모가 어떻게 대하느냐에 따라 아이들의 인생이 엄청나게 달라진다는 사실을 깨달았다. 또한 부모의 대응 방법이 아이들의 경쟁을 악화시킬 수도 있고 완화시킬 수도 있다는 걸 알게 되었다. 부모가 형제 간의 적대감을 마음속에 간직하게 할 수도 있고 쉽게 풀어버리게 할 수도 있으며, 오히려 싸움을 부추기게 할 수도 있다는 걸 알게 된 것이다.

  부모는 말과 태도로 아이에게 절대적인 영향력을 끼칠 수 있다. 아이들이 허구한 날 싸움박질을 하더라도 낙담하거나 화를 내거나 무력감에 빠질 필요는 결코 없다. 이 책을 읽다 보면 자연히 아이들이 사이좋게 지내게 할 방법을 찾게 될 테니까 말이다.

부모의 사랑을 독차지하기 위한 형제자매 간의 싸움 • 4

세상에서 가장 오래된 전쟁, 형제자매 싸움

아이들이 사이좋게 잘 지낼 거라는 부모들의 착각 • 16
기억하라, 부모들도 어릴 때 싸우면서 컸다 • 18
형제자매 사이의 적대 관계는 부모로부터 비롯된다 • 23
어린 시절의 형제자매 관계는 평생을 쫓아다닌다 • 28
서로의 차이를 인정하고 각자의 개성을 존중하게끔 하라 • 33
교집합이 없는 형제자매 사이에서 다리 역할을 해줄 사람은 '부모'다 • 36

아이들의 감정을 인정하고 존중할 때 싸움을 멈춘다

동생이 생긴다는 건 남편이 새 아내를 맞는 것과 같다 • 40
아이의 감정은 받아주되, 폭력적인 행동은 제한하라 • 47
있는 그대로 아이의 말을 들어주어라 • 57
아이들의 갈등 상황을 잠재우는 부모의 대화 기술 • 64
아기가 태어나면 엄마랑 같이 못 놀아요? • 64
동생도 밉고 엄마도 미워요! • 65
제 이야기는 언제 들어주실 거예요? • 67
내 마음을 글로 표현하면 마음이 가라앉아요 • 70
엄마가 동생을 낳아주면 착한 형이 될래요 • 71
동생 생일만 챙기는 건 싫어요 • 72
안 좋은 기분을 그림이나 글씨로 표현하면 좋아져요 • 73
이제는 동생을 때리지 않아요 • 76
화가 나지만 말로 표현해요 • 77

나쁜 말 대신 내 감정에 대해 솔직하게 털어놓을래요 • 78
때리는 대신 솔직하게 이야기해요 • 80
나쁜 감정을 인정해야 좋은 감정이 생겨요 • 82

비교하는 순간, 아이들의 사이는 '최악'이 된다

부모 자신도 모르는 사이에 아이들을 비교한다 • 86
부모의 비교에 지친 아이는 일찌감치 '포기'를 배운다 • 88
비교당하는 아이, 비교하는 아이 모두 상처를 입는다 • 90
부모가 화났을 때 아이들을 비교하는 것은 더욱 나쁘다 • 91
칭찬은 당사자만 있는 곳에서 한다 • 95
아이들을 비교하지 않는 부모의 대화 기술 • 98
나도 아기였으면 좋겠어요! • 98
동생 성적을 따라가려면 멀었어요 • 100
나도 오빠처럼 칭찬받을래요 • 101
나도 형보다 잘하는 게 있다고요 • 102

아이들 하나하나를 모두 특별하게 대하는 기술

부모가 아이들을 똑같이 대해도 아이는 비교당한다고 느낀다 • 106
똑같이 사랑받는다는 건 사랑을 덜 받는다고 느끼게 한다 • 107
아이만의 특별함을 찾아 칭찬하면 자존감이 높아진다 • 116
부모가 편애의 감정을 드러내는 순간, 아이들은 카인과 아벨이 된다 • 117
아이들 각자를 특별하게 사랑하는 대화 기술 • 121
조금씩 조금씩 엄마와의 거리가 좁혀져요 • 121
동생 옷만 사왔다고 화내지 않을래요 • 122
야호! 내게 꼭 필요한 물건이에요 • 123
엄마가 시간이 날 때까지 기다릴래요 • 124
형은 아직 안 자는데 왜 나만 자야 해요? • 126
내가 아빠한테 특별한 존재라고 말해 주세요 • 128

형제 간의 싸움을 부추기는 부모의 치명적인 실수

부모의 역할 규정은 아이의 성격과 장래에 영향을 미친다 • 132
'착한 아이' 역할도 '못된 아이' 역할도 부모 때문에 생긴다 • 133
아이의 역할을 하나로 규정하면 가능성과 잠재력은 사라진다 • 136
인생을 잘 살아가려면 한 가지 역할만 해서는 안 된다 • 138
한 아이의 재능이 특별하면 다른 아이는 기회를 잃는다 • 141
태어난 순서에 따라 대하는 것도 아이에게 상처를 준다 • 143
잘못한 아이에게는 나쁜 관심조차 보이지 않는다 • 144
피해자인 아이는 더 강해지도록 격려한다 • 148
'아픈 아이'만 특별한 보살핌을 받아야 하는 것은 아니다 • 153
역할의 굴레에서 벗어나 자존감을 높여주는 대화 기술 • 158
나도 깨끗하게 정리할 줄 알아요 • 158
나는 큰 아기예요 • 159
누가 뭐래도 우리는 형제인 걸요 • 160
나도 의젓한 아이라고요 • 164
저도 이렇게 잘하는 걸요 • 166

싸움을 가라앉히고 형제애를 일깨우는 단계별 대처법

아이들이 싸울 때 꼭 필요한 효과 100배 대처법 • 170
부모는 조언만! 아이들 스스로 해결책을 찾게 한다 • 184
아이들의 싸움을 잠재우는 부모의 대화 기술 • 200
자기 뜻대로 안 되면 울기부터 해요 • 200
정말 이 의자에 앉고 싶어요 • 202
그림으로 표현하니 화가 가라앉아요 • 203
우리의 문제를 아빠가 해결해 줘요 • 204
공평한 방법을 찾았어요 • 205
우리끼리 문제를 해결할 수 있어요 • 206
호루라기 소리가 나면 험담을 멈춰야 해요 • 207
오늘 정말 힘든 하루였다고요 • 208
우리 둘이 합의점을 찾았어요 • 211

늦지 않았다, 지금이라도 형제 관계가 좋아질 수 있다

어린 시절의 잘못된 형제 관계는 평생 상처로 남는다 • 218
어린 시절의 형제 관계는 서로의 삶에 계속 영향을 끼친다 • 230
좋은 감정을 갖게 하는 형제 관계 만들기 • 243
아이의 감정을 존중해 주어야 아이의 행동이 바뀐다 • 258
동생 막대기를 갖고 싶어요 • 258
동생은 밀라고 있는 게 아니야 • 261
아기가 보낸 편지 • 262
나도 안내문을 붙여줘요 • 263
깨물면 기분이 좋아요 • 264
부모 없이 형제들끼리만 있는 시간이 많을 때 • 266
네가 직접 얘기하렴 • 267
아이들의 불평 번호 • 269
어느 편도 들지 않기 • 271
기분 상자를 만들어요 • 272
싸움을 그치고 배려심을 키워주는 부모코칭 노하우 • 275
서열의 틀에서 벗어나기 • 279
동생이 생긴 첫째의 아기 놀이 • 280
두 남매의 역할 교환 • 280
존경받는 오빠가 될래요 • 282
서로에 대해 잘 알았더라면 • 283

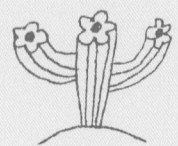

대부분의 사람들은 어릴 때의 형제 관계로부터 자유롭지 않다.
아직도 동생들에게 모든 걸 해주는 맏이가 되어야 한다는 사람이 있고,
잘난 형들을 따라잡기 위해 자신을 쉬지 않고 몰아붙이는 동생도 있으며,
미모와 재능이 뛰어난 언니의 기에 눌려 패배감에 사로잡혀 사는 여동생이 있다.
또 언니 대신 언니 노릇을 하기 위해 모든 걸 도맡아 했던 경험 때문에
상실감에 빠져 사는 사람도 있다. 이 모든 것은 어린 시절
부모로부터 비롯된 형제 관계 때문이다.

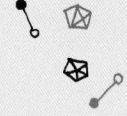

PART 1
세상에서 가장 오래된 전쟁, 형제자매 싸움

아이들이 사이좋게
잘 지낼 거라는
부모들의 착각

나는 우리 아이들이 눈만 뜨면 치고받고 싸울 거라고는 꿈에도 생각지 못했다. 다른 집 아이들은 그럴지 몰라도 우리 아이들만은 절대로 그렇지 않을 거라는 막연한 자신감마저 갖고 있었다. 그리고 아이들에게 어떤 일이 일어나도 공평하게 대할 자신이 있었기 때문에 한 아이만을 편애하거나 편파적으로 대하는 일은 결코 일어나지 않을 거라고 생각했다.

그래서 다른 집 부모들이 아이들의 질투심을 유발하는 행동을 할 때마다 속으로 나는 저러지 않을 거라고 확신했다. 한 아이가 잘하고 다른 한 아이는 못하더라도 아이들을 비교해서 말하지 않을 것이며, 설령 의견이 나뉠 때가 있어도 한쪽 편을 들지 않으리라 굳게 다짐했다.

그러면 아이들이 투닥거리며 소소하게 싸운다 해도 부모가 똑같이 사랑한다는 걸 알 테니까 그렇게 심하게 싸울 일은 없을 거라고 여겼다.

그러나 이제 생각해 보니 그것은 나의 교만이었다. 아이들은 아주 사소한 일에서부터 큰일에 이르기까지 마치 싸우기 위해 태어난 것처럼 서로 못 잡아먹어서 안달이었다. 아침에 눈을 떠서 서로 얼굴을 쳐다보는 순간부터 밤에 잠자리에 들 때까지 아이들은 잠시도 잠잠할 줄을 몰랐다.

나는 그러한 현실이 당황스러웠다. 우리 아이들이 서로 보살펴 주지는 못할망정 그토록 작은 일에도 양보를 하지 않는다는 게 정말이지 이해가 되지 않았다.

'혹시 내가 아이들을 잘못 가르친 건 아닐까?' 하는 생각으로 자책감에 빠지기도 했다. 그러다가 부모 교육 모임을 열게 되었고 이러한 상황들을 다른 부모들에게 털어놓고 난 뒤에야 비로소 마음이 놓였다. 그들도 나와 같은 불행을 똑같이 겪고 있었던 것이다. 그토록 많은 부모들이 내 고민에 동감할 줄 몰랐고, 그 사실을 아는 순간 나는 기쁘기까지 했다.

아이들은 처음에 사이좋게 같이 놀다가도 금세 서로 고함을 지르고 밀치고 때리며 꼬집었다. 내가 쳐다보면 얼른 달려와 고자질하거나 억울하다는 듯 큰소리로 울어대어 정말 아수라장이 따로 없는 나날을 그들 역시 보내고 있었다. 이마를 잔뜩 찌푸린 채 아이들에게 소리를 버럭버럭 질러대며 이건 뭔가 분명 잘못되었다는 생각을 지울 수 없었던 것도 나와 똑같았다.

솔직히 말해, 우리들도 그런 식으로 어린 시절을 거쳐 왔다. 그러므로 우리 아이들에게 어떤 일이 일어날지 대략 짐작할 수 있어야만 했다. 그런데 대다수 부모들은 나처럼 아이들에 대해 잘 알지 못했다. 부모들은 아이들이 태어나면서부터 무한한 로망을 가졌다가, 얼마 지나지 않아 집 안이 온통 전쟁터로 변하는 것에 아연실색하며 거의 이성 잃은 나날을 보내고 있었다.

기억하라! 부모들도 어릴 때 싸우면서 컸다

부모 교육 모임에 참여한 부모들의 이야기를 들어보았다. 부모들은 형제 관계에 대한 자신들의 다양한 고민과 생각들을 열심히 털어놓았다.

윤지의 소원이 뭔지 아세요? 글쎄, 동생을 다른 집으로 보내는 거예요. 저는 윤지가 혼자 자라면 얼마나 외로울까 싶어서 둘째를 낳았는데, 그 애는 동생을 무슨 원수처럼 대해요. 동생이 있으면 같이 놀 수도 있고 친구처럼 지낼 수도 있을 거라고 생각했던 건

저 혼자만의 착각이었나 봐요.

　우리 아들들도 마찬가지예요. 저도 우리 아들들이 서로 아끼면서 사이좋게 지낼 거라고 생각했지요. 집에서 같이 지내다 보면 싸울 일도 있겠지만, 밖에 나가면 서로 챙겨줄 거라고 믿었어요. 그런데 어느 날 작은애가 놀이터에서 애들한테 얻어맞고 들어왔는데, 글쎄 그 때린 애들 중에 우리 큰애가 있지 뭐예요. 아이들과 함께 자기 동생을 때린 거예요. 순간 정말 아무 생각도 안 나더군요.

　저는 남자 형제만 있는 가정에서 자랐어요. 그래서 형제들이 잘 싸운다는 건 알고 있었죠. 하지만 여자아이들은 그렇지 않을 줄 알았어요. 설마 여자아이들이 그렇게 전투적으로 싸울 거라고는 상상도 못했지요.
　우리 세 딸들은 서로에 대한 이해심이 너무 부족해요. 자기가 잘못한 것은 하나도 생각 안 하고 언니나 동생이 잘못한 것만 머릿속에 기억해 두었다가 자기가 불리할 때면 그것을 꺼내 공격을 한답니다. 우리 아이들 사전에는 '용서'라는 말 자체가 아예 없는 것 같아요.

　저는 혼자라서 정말 외롭게 자랐어요. 그래서 가능하면 아이를 많이 낳고 싶었지요. 둘째를 가졌을 때 당연히 큰아이가 무척 좋아할 거라고 생각했어요. 제가 순진했던 거죠. 아이들이 사이좋게 잘 지낼 거라는 제 믿음은 작은애가 말을 하기 시작하면서부터 깨졌어요. 그때부터 남매가 싸우지 않고 지나간 날이 없을 정도니까요.

저는 아이들이 크면 나아질 거라 여기며 하루하루를 보내지만, 나아지기는커녕 더 나빠지고 있어요. 지금 큰애는 아홉 살이고 작은애는 여섯 살이에요. 그런데도 누나인 큰애는 남동생이 가진 건 뭐든 자기도 똑같이 가져야 한다고 생각해요. 또 동생도 누나가 가진 걸 자기도 사달라고 졸라요.

같이 있으면 사이좋게 지내기는커녕 항상 꼬집거나 발로 차면서 서로를 괴롭혀요. 그러고는 저한테 볼멘소리로 이렇게 말해요. '나 혼자라면 좋겠어요.', '누나 따윈 없어져 버려!', '왜 동생을 낳아서 이렇게 날 힘들게 해요?'라고요.

저는 둘째를 언제 가져야 할지 고민을 참 많이 했어요. 나이 차가 나지 않으면 많이 싸운다고 해서 나이 차를 두었다가 둘째를 가지려고 마음먹었지요. 그런데 주위에서 그러면 안 된다고 하더라고요. 나이 차가 많으면 아이들을 기르는 게 힘들다고요. 나이 차가 나지 않아야 서로 오순도순 잘 지낸다기에 연년생으로 아이들을 낳았지요.

그런데 아이들은 정말 하루도 빠짐없이 싸웠어요. 별것 아닌 일로 트집 잡고 꼬집고 때리고……. 그래서 셋째는 몇 살 터울로 낳아야 할지 더욱더 고민이 되더라고요. 그러다가 책을 보니까 세 살 터울이 가장 좋다고 해서 셋째는 세 살 터울로 가졌어요. 맙소사, 이번에는 첫째와 둘째가 서로 한 편이 되어 셋째를 괴롭히는 거예요. 정말 기가 막혔답니다.

3년 뒤에는 막내까지 낳게 되었어요. 첫째와 둘째가 좀 컸으니까 막내를 잘 돌볼 거라고 생각했던 제 예상은 보기 좋게 빗나갔지요. 동생들은 첫째가 언제 어디서든 대장 노릇을 하며 자기 마음대로 한다고 불평을 늘어놓았고, 첫째는 첫째대로 동생들이 자기 말을 무시한다며 이르기에 바빴어요. 집 안이 하루도 빠짐없이 전쟁터랍니다.

사실 저는 주변 친구들이 아이들의 싸움 때문에 걱정하는 게 이상하게 보였어요. 우리 아들과 딸은 정말 사이좋게 잘 지냈거든요. 그래서 아이들 싸움은 저와는 상관없는 이야기라고 여겼어요. 그런데 십대가 되면서부터는 하루도 싸우지 않는 날이 없는 거예요. 둘이 같이 있으면 다른 일을 못할 정도로 티격태격대요. 1분도 같이 있지 못할 정도라니까요.

부모들은 이구동성으로 자신들이 현재 어떤 상황을 겪고 있는지 말하느라 정신이 없었다. 그런데 부모들이 알지 못하는 게 하나 있다. 부모들도 어릴 때 지금 자신의 아이들처럼 형제자매들과 치열하게 싸웠다는 것이다.

나 역시 오빠들이나 언니들하고 나이 차이가 많이 났는데도 불구하고 엄청 싸웠다. 나이 차이가 얼마 나지 않고 남자 형제라는 점에서는 내 상황과 다르지만, 우리 아들들 역시 치열하게 싸우고 있다. 어쩌면 형제란 날 때부터 적이라는 사실을 그냥 인정해야 하는지도 모른다.

형제 수나 나이 차, 성격과 성별이 다르고 입장이 바뀌었는데도 아이들은 변함없이 싸우고 있다. 더구나 부모로서 아이들 싸움을 지켜보는 것과 어릴 때 자신의 형제자매와 싸웠던 것은 완전히 다른 문제다.

그래서 어릴 때 자신이 형제자매들과 어떻게 지냈는지, 또 자신들의 부모가 그 싸움에 어떻게 대처했는지 아는 것은 매우 중요한 일이다. 과거의 형제 관계가 현재의 삶에까지 영향을 미치고 있으며, 과거 부모의 대처가 지금의 우리가 아이들에게 대처하는 데 커다란 영향을 주기 때문이다.

형제자매 사이의 적대 관계는 부모로부터 비롯된다

과거로 돌아가 어릴 때의 형제 관계를 떠올리면 좋은 기억이 그리 많지 않을 것이다. 대부분 오빠나 형, 언니한테 맞은 기억, 아니면 동생과 치고받고 싸운 기억들로 얼룩져 있다. 우리가 만난 대부분의 부모도 그렇게 말했다.

정말 큰오빠가 싫었어요. 저를 엄청 놀려댔거든요. 제가 화가 나서 씩씩거리면 부모님은 항상 똑같은 말씀을 하셨어요. 무시해 버리라고요. 그러면 큰오빠도 놀리지 않을 거라고요. 하지만 저는 약이 올라서 그렇게 되지 않았어요. 큰오빠는 제가 울음을 터뜨리고 나면 그제서야 놀리는 걸 멈췄어요.

더욱 화가 나는 것은 이 집에 너를 사랑하는 사람은 없으니까 집을 나가라고 말하는 거였어요. 다리 밑에서 주워 왔다면서요. 그 말을 들을 때마다 정말 제 편이 하나도 없다는 생각이 들었지요.

우리 오빠도 그랬어요. 정말 그런 악동이 따로 없었지요. 아마 여덟 살 때였을 거예요. 자전거를 타고 있는데, 오빠가 달려와 자전거를 흔들어대는 바람에 그만 자전거에서 떨어지고 말았어요. 너무 아파서 도저히 참을 수가 없었지요. 그래서 씩씩거리며 집으로 들어와 전화기를 들고는 경찰을 부르려고 했어요. 마침 그때 들어오신 어머니가 저를 말리셨어요. 그러면서 아버지가 오시면 같이 이야기해 보자고 하셨지요.

저는 화가 풀리지는 않았지만 아버지랑 같이 이야기해 보자는 말에 살짝 겁이 나서 아버지가 퇴근하시기 전에 잠자리에 들었어요. 아버지가 집에 오셔서 어머니한테 이야기를 들으시고는 저를 깨워서 말씀하셨어요. 화가 난다고 경찰을 부르는 건 안 된다고요. 저를 혼내시지는 않았지만 그때까지도 분한 마음이 풀리지 않아서 부모님이 원망스럽기만 했답니다.

저는 집에서 완전히 공주처럼 자랐어요. 제가 어떤 행동을 하든지 참아야 하는 쪽은 늘 오빠였어요. 아버지가 저만 귀여워하셨거든요. 오빠는 제가 못된 짓을 하면 씩씩거리기만 할 뿐이었지요. 그래서 제가 더욱 의기양양했던 것 같아요. 심지어 연필로 오빠 팔을 찌르기도 했어요. 제가 그럴 때마다 오빠는 제 팔을 꽉 붙들고 꼼짝도 못하게 했지만 거기서 풀려나면 또다시 오빠한테 달려들었어요.

그러던 어느 날이었어요. 부모님이 우리 둘만 집에 놔두고 외출을 하신 거예요. 오빠는 참았던 울분을 한꺼번에 토해내듯 저를 마구 때렸어요. 그때 맞아서 생긴 흉터가 아직도 눈 밑에 남아 있지요. 그 뒤로 저는 오빠를 먼저 건드리지 못했어요.

우리 부모님은 엄격하셨어요. 집에서 저와 오빠가 싸우는 걸 절대로 용납하지 않으셨지요. 그뿐만이 아니에요. 우리 남매는 서로 화를 내지도 못했어요. 서로 죽이고 싶을 정도로 미울 때조차도요. 오빠가 저를 짓궂게 놀리고 횡포를 부렸지만 우리 부모님은 오빠니까 무조건 사랑해야 한다고 말씀하셨어요. 저는 어쩔 수 없이 그때마다 화를 꾹꾹 눌러 참아야 했답니다.

나는 이토록 많은 사람들이 과거의 해묵은 이야기를 하면서 마치 어제 일어난 일인 것처럼 자신의 상처들을 생생하게 떠올린다는 데 놀랐다. 게다가 이 이야기들이 자기 아이들의 이야기와 크게 다르지 않다는 사실에 씁쓸했다. 몇십 년이 지난 지금, 무대와 주인공만 바뀌었을 뿐 그때 느꼈던 감정들은 아마 비슷할 터였다.

물론 모든 사람들이 형제자매와의 관계를 적대적으로 기억하는 것은 아니다. 어떤 아버지는 형에 대해 좋은 기억을 갖고 있기도 했다.

저는 형과 아주 친하게 지냈어요. 그래서 어머니는 종종 형한테 저를 맡기고 외출하셨지요. 물론 형은 저를 꽤 잘 보살펴주었지요. 언젠가는 이런 적도 있었어요. 형이 저를 데리고 친구 집에 놀러가려고 했을 때예요. 어머니는 제가 우유를 다 마셔야 형과 같이 놀러갈 수 있다고 하셨죠. 하지만 저는 우유를 마시고 싶지 않았어요. 그러자 형은 어머니가 보지 않을 때 제 우유를 다 마시고는 제가 마셨다고 거짓말을 했어요. 물론 저는 형과 함께 형 친구 집으로 놀러갔고요.

우리 언니와 저도 그랬어요. 우리는 언제나 공범이었답니다. 특히 십대 때는 더 그랬어요. 우리는 항상 한편이 되어 엄마를 골탕 먹였어요. 우리가 잘못하면 엄마가 야단을 치잖아요. 그런데 우리는 잘못을 뉘우치기는커녕 오히려 단식 투쟁을 해서 엄마를 힘들게 했어요. 그때 우리는 엄청 몸이 약해서 밥을 꼭 챙겨 먹어야 하는 상황이었거든요. 그걸 알고 있는 엄마는 우리가 안 먹는 걸 가장 두려워하셨지요.

그런데 실은 우리가 아무것도 안 먹은 게 아니에요. 엄마 모르게 뭐든 먹었지요. 단식을 안 하는 쪽이 자기가 먹는 척하면서 먹을 걸 갖다줬거든요.

그러나 대다수의 부모들은 어릴 적 형제 관계에 대해 우호적으로 말하지 않았다. 대부분 형제자매를 질투하거나 시샘하고 있어서 결과적으로는 서로 사이가 좋지 않았다.

저는 여동생을 한 번도 좋아한 적이 없어요. 여동생은 나보다 열 살이나 어리거든요. 그래서 온 집안의 귀여움을 독차지했답니다. 모두들 '우리 귀염둥이, 우리 귀염둥이.' 하면서 예뻐했어요. 제가 보기에는 버릇이라곤 눈곱만큼도 없는 싸가지 없는 아이일 뿐이었는데 말예요.

저도 그랬던 것 같아요. 저도 언니들과 나이 차가 많이 나거든요. 언니들은 저보다 일곱 살, 열한 살이 더 많아요. 제가 늦둥이로 태어나서 아빠의 사랑을 독차지했지요. 그래서 틈만 나면 언니들이 저를 시샘했어요. 게다가 제가 태어난 후로 집안 형편이 훨씬 좋아져서 저는 언니들이 누리지 못한 혜택을 누리며 자랐답니다. 집에서 대학을 다닌 건 저뿐이에요. 언니들은 고등학교를 졸업하자마자 결혼을 해서 독립했고요. 그리고 아빠가 돌아가셨고, 엄마와 저는 더욱 각별한 사이가 되었어요. 그러다 보니 엄마는 저희 집에 자주 들르셨고, 당연히 우리 애들하고도 많이 친해지셨어요.

얼마 전에 엄마가 당신 집에 들어와 함께 살면 어떻겠냐고 말씀하시는 거예요. 그러고는 언니들한테도 이런 얘기를 하셨는데, 언니들이 펄쩍 뛰더래요. 언니들은 아직 자리를 잡지 못해 고생하고 있는데, 저는 대학을 나와 좋은 직장에 다니고 대학 나온 남편을 만나 잘살고 있으면서 엄마랑 편하게 살게 되었다고 생각한 거죠.

더군다나 조카들까지 우리 아이들한테 섭섭하게 대하고 있어요. 할머니가 저희 집에만 오시니까 저희 아이들만 예뻐하신다고 생각하는 거죠. 형제 관계에서의 시샘이 대물림되고 있다고 생각하면 정말 아찔해요.

어린 시절의 형제자매 관계는 평생을 쫓아다닌다

형제자매 관계는 긍정적이든 부정적이든 어린 시절에 큰 영향을 미친다. 또한 매우 강렬한 감정들을 불러일으키기도 한다. 더욱이 형제자매 사이에 일어나는 이런 감정들은 어른이 되고 난 후에도 계속될 뿐만 아니라 대를 이어 지속되어 삶에 큰 영향을 끼치기도 한다.

나 역시 우리 오빠와 언니들이 나를 무척 귀찮아했다. 뿐만 아니라 어느 정도 성공한 어른이 된 지금까지도 그들은 나를 성가신 존재로 여기고 있다.

어린 시절의 경험이 성인이 된 지금의 내 생각과 행동에 영향을 미치는 것은 나뿐만이 아니다. 대부분의 사람들이 그런 상황에서 생활하고 있다.

저는 삼 형제의 맏이로 늘 책임을 져야 했어요. 어떤 상황에서든 두 동생을 돌봐야 했답니다. 동생들은 제 말이라면 무조건 따랐어요. 제가 시키는 건 뭐든지 했으니까요. 말하자면 저는 자상한 독재자인 셈이었지요. 동생들을 안 때린 건 아니지만 또래 친구들로부터 늘 보호해 주는 든든한 형이었어요. 그러다 보니 언제부턴가 우두머리가 되어야 했지요.

최근에 제 가게를 무척 좋은 조건에 팔 수 있었는데도 팔지 못했어요. 가게를 팔고 나서도 그 가게에서 계속 매니저로 일해 달라는 조건이었거든요. 하지만 저는 그럴 수 있는 사람이 아니라는 걸 스스로가 잘 알아요. 어릴 때부터 우두머리의 역할을 해서인지 누구 밑에 들어가서 일할 수 있는 사람이 아니거든요.

저와는 반대군요. 사 형제 중에 막내인 저는 형들한테 많은 영향을 받았어요. 형들은 정말 뭐든 뛰어나게 잘했지요. 공부면 공부, 운동이면 운동, 못하는 게 없었거든요. 하지만 저는 달랐어요. 아무리 노력해도 형들 근처도 따라갈 수 없었지요. 그래서 형들이 놀고 있을 때에도 제 방에서 나오지 않고 책만 읽었어요. 큰 효과가 있었던 건 아니었지만요. 그런 저를 보고 형들은 이해하지 못하고 어디서 주워온 거 아니냐고 놀려댔답니다.

그때의 상처가 남아 있어서 그런지 저는 지금도 제 자신을 혹사시켜요. 아내가 아무리 저를 일 중독자라고 비난해도 바뀌지 않아요. 물론 아내는 제가 왜 이러는지 알지 못해요. 제가 형들을 따라가기 위해 죽기 살기로 노력한다는 사실을 말이죠.

저 역시도 옛날에는 그랬어요. 아주 예쁘고 재주 많은 언니를 따라잡기 위해 피나는 노력을 했거든요. 하지만 그건 노력으로 되는 게 아니라는 걸 깨달았어요. 그러면서 언니를 그만 따라잡기로 했답니다. 아마 제가 열세 살쯤 때였을 거예요. 친척 결혼식에 가려고 제일 예쁜 옷으로 차려 입고는 거울 앞에 서서 제 모습이 꽤 예쁘다고 생각했어요. 그런데 언니가 어느새 다가와 제 옆에 서는 거예요. 그러더니 이렇게 말하더군요. '나는 멋지고 세련되고 매력 있어. 하지만 넌 아무리 꾸며도 촌스러울 뿐이야.'

그 순간 저는 할 말을 잊었어요. 그 말은 상처가 되어 제 마음속 깊숙한 곳에 콱 박혀 있어요. 누군가가 저를 칭찬하면 속으로 우리 언니를 한번 보면 그런 소리가 안 나올 거라고 되뇌곤 해요.

저 역시 언니한테 영향을 받았는데, 저는 언니 때문에 항상 당황스러웠어요. 제 언니는 성격이 좀 이상했거든요. 정말 이해할 수 없는 행동을 하곤 했답니다. 그래서 저는 친구들한테 언니의 행동을 해명하기 바빴어요. 부모님은 언니 때문에 한숨이 끊이지 않았죠.

그 모습을 보며 저는 일찍 철이 들었어요. 저만이라도 부모님의 착한 딸이 되겠다고 마음먹었지요. 그리고 언니한테도 버팀목이 되어주겠다고 생각했어요. 그러니 동생인 제가 언니 노릇을 도맡아 할 수밖에 없었지요.

하지만 지금은 언니가 원망스러워요. 당시에는 아무것도 모르는 채 언니를 보살펴주고 부모님 걱정을 끼치지 않기 위해 노력했어요. 그런데 지금 돌아보니 한창 꿈을 꾸고 상상하고 어리광도 피우며 재미있게 지내야 할 시기도 없이 훌쩍 어른이 된 것 같아 언니가 미워지기도 해요.

놀랍게도 사람들은 어릴 적 형제들로부터 많은 영향을 받고 있었다. 사실 아이에게 가장 많은 영향을 주는 사람은 부모라는 사실에는 의심의 여지가 없지만, 형제들도 그에 못지 않게 영향을 끼치고 있었다.

대부분의 사람들은 어릴 때의 형제 관계로부터 자유롭지 않다. 아직도 동생들에게 모든 걸 해주는 맏이가 되어야 한다는 사람이 있고, 잘난 형들을 따라잡기 위해 자신을 쉬지 않고 몰아붙이는 동생도 있으며, 미모와 재능이 뛰어난 언니의 기에 눌려 패배감에 사로잡혀 사는 여동생이 있다. 또 언니 대신 언니 노릇을 하기 위해 모든 걸 도맡아 했던 경험 때문에 상실감에 빠져 사는 사람도 있다. 이 모든 것은 어린 시절 부모로부터 비롯된 형제 관계 때문이다.

서로의 차이를 인정하고 각자의 개성을 존중하게끔 하라

행복한 가정에서 자라는 게 아이들로서는 더할 나위 없이 좋겠지만, 간혹 부부 사이가 좋지 않거나, 어느 한쪽 부모의 잘못으로 아이들의 관계가 좋아지는 경우도 있다.

제 아버지는 한마디로 난봉꾼이었어요. 어머니는 무척 다정다감하고 조용한 분이었는데 그런 아버지를 묵묵히 참으셨죠. 아버지는 성질이 고약한 데다 자기 말에 책임도 못 지는 분이었어요. 말없이 집을 나갔다가는 두 달 뒤에 불쑥 나타나기도 했으니까요. 그러니 우리 형제들은 누가 말하지 않아도 서로를 돌봐야 했어요. 그리고 학교가 끝난 뒤에는 아르바이트를 해서 돈도 벌었지요. 형

과 누나가 동생들을 돌보는 건 당연한 일이었고요. 만일 우리가 그런 식으로 서로를 위하고 지키지 않았다면 지금처럼 잘 되지는 않았을 거예요.

그 이야기를 들은 많은 사람들은 아름다운 이야기라며 감탄을 터뜨렸다. 그러면서 사람들은 자신들이 오래도록 꿈꿔 왔던 소망을 생각해 냈다. 아이들이 서로 사랑하고 아껴주면서 커가는 것 말이다.

형제자매가 우애 있게 자라는 것이야말로 모든 부모들이 바라는 바지만, 그렇다고 해서 아이들의 관계가 좋아지도록 하기 위해 부부간에 불화를 일으킬 수는 없는 일이다.

그렇다면 형제 관계가 좋고 나쁨을 단순히 '운'으로 돌려야 할 것인가. 그렇게 생각한다면 싸우지 않는 아이들을 키우는 것은 우리 능력 밖의 일이 되고 만다.

믿고 싶지 않겠지만, 부모 때문에 아이들의 관계가 악화되는 경우도 실제로 많다. 부모는 아이들이 사이좋게 지내기를 바라지만 하루에도 몇 번씩 롤러코스터를 탄 것처럼 감정이 들쭉날쭉해진다. 아이들이 서로 잘 챙겨주고 사이좋게 놀고 있으면 '그래, 역시 난 괜찮은 엄마야.' 하고 금세 의기양양해지다가도, 아이들이 큰소리로 싸우기라도 하면 '내가 잘못한 거야.'라는 자책감에 빠져든다.

맞다, 세상 어느 부모가 아이들이 사이좋게 지내는 걸 바라지 않겠는가. 사실 아이들이 사이좋게 지내기를 바란다는 것은 너무나도 큰 소망이다. 그보다는 좀 더 현실적인 목표를 가질 필요가 있다. 아이들에게 서로 아껴주고 배려하고 보살피는 관계를 맺는 데 필요한 태도와 기술을 어떻게 가르칠까를 고민해야 하는 것이다. 그러면 마음이 편해지면서 거짓말처럼 행복이 찾아온다.

'아이들이 사이좋게 지내야 할 텐데.'라는 생각 대신 '아이들이 어떻게 하면 서로를 존중하고 서로의 차이점을 인정할 수 있는지 그 방법을 알려주어야겠다.'는 생각을 한다면, 나중에 성장해서도 상대의 이야기에 귀를 기울이는 법과 자신과 다른 상대를 인정하고 존중하는 법을 배울 수 있다. 또한 형제 간의 성격이 완전히 극과 극이어서 친구가 되지는 못한다 해도, 적어도 다른 친구를 잘 사귈 수 있는 능력을 갖게 된다.

나는 부모 모임에 참석한 사람들에게 말했다.

"이번 주는 우리 아이들이 무슨 일 때문에 싸우는지 자세히 관찰해 보세요. 아이들끼리의 작은 갈등이라도 주의 깊게 관찰하여 그 상황을 적어 보세요. 아이들이 나누는 대화, 그리고 우리 부모가 어떻게 간섭했는지 기록하는 거예요. 다음 주에는 그것들을 중점적으로 이야기해 보기로 해요."

교집합이 없는 형제자매 사이에서
다리 역할을 해줄 사람은 '부모'다

모임이 끝나고 집으로 돌아오는 길에 내 머릿속은 온통 두 아들 생각으로 가득 차 있었다. 이제 어른이 다 된 두 아들은 어렸을 때처럼 전투적으로 싸우지는 않는다. 하지만 여전히 소소한 언쟁을 벌이고 있다. 지난주 가족 모임 때도 둘은 열심히 입씨름을 했다.

두 아들은 나를 도와 부엌에서 설거지를 하고 있었다. 둘은 자연스럽게 자기들이 다니고 있는 대학과 전공을 비교하기 시작했다. 한 아이는 과학을, 다른 아이는 예술을 전공하고 있었는데, 서로 자기 전공이 사회에 더 이롭다는 주장을 펼쳤다.

"파스퇴르는 어떻고."

"대단한 사람이지. 하지만 피카소도 그에 못지않다고."

"과연 그럴까?"

둘은 상대방을 설득시키려고 애썼다. 한 발짝도 물러서지 않고 논쟁을 벌이던 두 아들은 결국 예술도 과학도 둘 다 사회를 이롭게 한다는 결론을 내리고 소강 상태에 접어들었다.

그러더니 다시 어렸을 때의 일들로 화제를 돌렸다. 서로 가슴속에 담아두었던 해묵은 이야기들을 꺼내 놓으며 누가 누구한테 무슨 일을 했는지 하나하나 들추기 시작했다. 그러자 공격을 받은 쪽에서는 왜 자신이 그렇게 했는지 자기 자신을 정당화하느라 바빴다. 그러면서 조금씩 열기는 가라앉았고, 다시 좋았던 추억들을 꺼내 놓으면서 결국 둘 다 크게 웃어댔다.

나는 그런 두 아들을 보면서 두 가지 힘이 팽팽하게 작용하여 균형을 이룬다는 걸 깨달았다. 서로의 차이를 인정하고 각자 개성을 존중하는 힘과 자기들만의 특별한 형제애를 일깨우면서 둘을 함께 묶어주는 힘 말이다.

나는 두 아들의 언쟁을 느긋하게 듣고 있었다. 옛날에 비하면 정말 놀라운 발전이었다. 또한 그들의 변화무쌍한 감정의 기복에 전혀 동요하지 않은 채 담담하게 듣고 있는 내 자신을 발견했을 때의 그 놀라움이란!

실제로 두 아들은 달라도 너무 달랐다. 기질과 성격, 관심을 갖는 분야가 판이하게 달라, 자라면서 그 간격이 좀처럼 좁혀지지 않았다. 물론 나는 영원히 교집합이 없을 것 같은 그들 사이에 다리를 놓아 서로를 인정하도록 도와주었다. 그래서 지금은 어떻게 하면 형제가 서로에게 가까이 갈 수 있는지 잘 알고 있다.

아이들은 자기 형제에 대한 감정을 마음껏 표현하고 발산해야 한다.
그것이 좋지 않은 감정이라 해도 말이다.
감정은 발산하되, 그 감정이 행동으로까지 이어져서는 곤란하다.
서로 폭력을 행사하지 않도록 부모가 단호하게 말할 필요가 있다.
그리고 폭력을 행사하지 않고도 자신의 감정을
표현할 수 있는 방법을 가르쳐주어야 한다.

PART 2

아이들의 감정을
인정하고 존중할 때
싸움을 멈춘다

동생이 생긴다는 건
남편이 새 아내를
맞는 것과 같다

아이들이 싸우는 모습을 지켜보고 기록하는 것은 형제 관계를 좋아지게 하는 첫걸음이 된다. 실제로 많은 부모들이 이를 통해 놀랄 만한 효과를 보았다고 털어놓았다.

두 번째 모임이 시작되었을 때, 한 어머니가 자연스럽게 이야기를 꺼냈다.

"우리 아이들이 싸울 때 그 내용을 받아 적었어요. 그랬더니 정말 도움이 되더군요. 적는 데 신경 쓰다 보니 아이들에게 화를 낼 틈도 없었고요."

"그랬군요. 저도 그럴 걸 그랬어요. 제 큰딸은 지난 일주일 동안 쳐다보기도 싫을 만큼 저를 화나게 했거든요."

그러자 이번에는 다른 어머니가 나서며 자기가 적어 온 노트를 펼쳤다.

"오늘 아침에 제가 쓴 건데 한번 들어보실래요? 우리 큰딸이 자기 동생한테 한 소리예요. '어휴, 냄새! 이게 무슨 고약한 냄새람. 내 옆에 앉지 않아서 다행이야. 너, 아빠가 너보다 나를 예뻐하는 거 알지? 넌 못생겼잖아. 기역니은도 모르는 주제에! 옷도 엄마 없으면 입지도 못하고, 내가 너보다 더 예뻐!' 정말 기가 막히죠."

이때 한 아버지가 힘없는 소리로 입을 열었다.

"저희와 똑같군요. 크면 괜찮을 줄 알았는데 십대가 된 지금도 동생을 괴롭히고 있답니다. 잔인하게 행동할 나이는 지났다고 생각했는데, 동생한테 무슨 말을 했는지 입에 담고 싶지도 않아요."

다른 어머니가 자신의 상황을 털어놓았다.

"왜 그럴까요? 왜 동생을 가만히 놔두지 않는 걸까요? 우리 아들은 여동생만 보면 잡아당기고 손톱으로 할퀴고 손가락으로 찔러대서 한시도 눈을 뗄 수가 없어요. 머리카락을 잡아당기는가 하면 눈 코 입 가리지 않고 손가락으로 쑤셔대요. 작은애 눈이 아직 성한 게 다행이죠. 이제 다섯 살인데 이런 식으로 계속되면 어떡하죠?"

나는 그들의 이야기를 충분히 이해하고도 남았다. 나도 그런 경험이 있기 때문이다. 큰애가 네 살 때였으니, 작은애가 간신히 걸

음마를 뗀 어느 날이었다. 큰애가 악마 같은 미소를 지으며 동생을 바라보고 있었고, 나는 작은애의 등을 보고 아연실색했다. 작은애의 등에 두 줄로 할퀴어진 자국이 선명하게 나 있었던 것이다. 화가 머리끝까지 난 나는 버럭 소리를 질렀다.

"이 못된 녀석! 너 이리 와봐! 동생한테 무슨 짓을 한 거야?"

아이들은 왜 이런 행동을 일삼는 걸까? 다음 질문지는 그 이유를 찾는 데 도움이 될 것이다. 만약 남자일 경우 '남편'이라고 쓰여 있는 부분을 '아내'로 읽으면 된다.

질문

Q1 어느 날 남편이 당신 어깨에 팔을 두르며 이렇게 말합니다.

"여보, 난 당신이 좋아. 당신같이 좋은 사람을 만난 건 정말 행운이야. 그래서 말인데, 당신과 똑같은 사람을 새 아내로 맞을 작정이야."

당신의 반응

Q2 남편이 새 아내를 데리고 왔습니다. 당신이 보기에 당신보다 어린 데다 귀엽고 더 예뻐 보입니다. 셋이 외출이라도 하는 날에는 모두들 당신은 그저 본 척 만 척하다가 새 아내를 보고는 호들갑스럽게 수선을 떨며 말을 건넵니다.
"어머, 정말 귀엽고 아름다우시네요."
그런 다음 남편한테 다시 말을 건넵니다.
"새 아내가 생겨서 좋으시겠어요?"

> **당신의 반응**
> --
> --
> --
> --
> --

Q3 어느 날 남편이 옷장을 뒤지더니 당신 윗도리와 바지를 꺼내 새 아내에게 줍니다. 안 된다고 하자 남편은 그 옷들이 당신한테 맞지 않아서 그렇다는 겁니다. 당신이 살이 쪄서 몸에 끼는 것 같으니 새 아내에게 입히면 딱 맞을 것 같다고 합니다.

> **당신의 반응**
> --
> --
> --
> --
> --

Q4 어느 날 새 아내를 보니 눈에 띄게 잘 적응해 가고 있습니다. 처음에는 좀 어리숙해 보였는데 시간이 갈수록 자신감이 붙었는지 매사에 적극적입니다. 지난번에 남편이 사준 컴퓨터를 켜고 당신이 어쩔 줄 모르고 있는데, 새 아내가 자기도 할 줄 안다면서 이것저것 눌러봅니다. 그러면서 은근히 당신을 무시하는 투로 행동합니다.

당신의 반응

Q5 새 아내는 자기 마음대로 되지 않으면 꼭 남편한테 가서 고자질을 합니다. 그러면 남편은 어김없이 나타나 당신을 향해 질책을 합니다. 새 아내의 얼굴은 눈물 자국으로 얼룩져 있고요.
"한 집에 살면서 같이 좀 나눠 쓰는 게 어때서 그걸 갖고 그래! 잘 챙겨 주지는 못할망정 왜 못살게 굴어?"

당신의 반응

Q6 어느 날, 남편과 새 아내가 침대에 누워서 장난치며 놀고 있습니다. 둘은 뭐가 좋은지 낄낄거리며 웃습니다. 얼마나 재미있게 놀던지 당신을 봐도 못 본 척합니다. 그러다가 전화벨이 울리자 남편이 전화를 받고, 중요한 일이 생겨서 잠깐 밖에 나갔다 오겠다고 합니다. 그러면서 새 아내를 잘 돌보라고 당신에게 신신당부 합니다.

당신의 반응

이런 상황에서 새 아내를 좋아할 사람은 거의 없다.

이 질문지를 통해서 미처 몰랐던 자신의 속모습을 보고는 놀랄 것이다. 자기 자신은 포용력이 있고 점잖으며 이해심이 많다고 생각했겠지만 이런 일을 당하는 순간 분노와 복수심, 심지어 죽이고 싶은 마음까지 들 것이기 때문이다.

이런 상황은 큰아이에게 해당되지만, 어떤 집에서는 작은아이가 형이나 언니를 상대로 화를 내고 트집을 잡기도 한다.

한 어머니가 이런 이야기를 들려주었다.

"18개월밖에 되지 않은 딸아이가 네 살 난 오빠를 이유도 없이 할퀴고 때려요. 어제는 갑자기 오빠 머리를 향해 장난감 피아노를 던지는 바람에 하마터면 머리가 찢어질 뻔했어요. 또 오늘 아침에는 우유를 먹다가 오빠가 제 옆에 누우려니까 먹던 우윳병을 집어 던지며 밀치는 통에 침대에서 떨어질 뻔했다니까요."

작은아이 중에는 어릴 때부터 형이나 누나한테 지기 싫어하는 아이가 있는 반면, 언니나 오빠를 잘 따르다가도 그들로부터 거부당하게 되면 금세 의기소침해지는 아이도 있다. 간혹 형이나 누나보다 잘하는 게 없다는 걸 알게 된 막내가 자기는 절대로 그렇게 할 수 없을 거라는 생각에 낙담하기도 한다.

아이의 감정은 받아주되,
폭력적인 행동은 제한하라

부모라면 아이들이 싸우는 소리가 당연히 듣기 싫을 것이다. 더구나 낮에 직장에서 시달리다 집에 들어왔는데, 아이들이 서로 소리를 질러대고, 아내는 아이들을 향해 큰소리로 화를 내고 있다면, 기분 좋은 남편은 거의 없을 것이다. 이때 누가 옳고 그른지를 가르는 것보다는 우선 집안이 조용해지기만을 바라는 것이 인지상정이다.

그렇지만 아이들이 감정을 차곡차곡 쌓아놓고 드러내지 않는다면 집안에서 일어나는 어떤 문제도 해결되지 않는다. 하루 종일 일하다 집에 들어왔더니 아이들은 빽빽거리고 집안은 온통 난장판이라면 화나는 게 당연하다. 하지만 아이들이 부모 눈치 보느라 자신들의 감정을 꾹꾹 누르고 참는다면 당장은 괜찮을지 몰라도 결국에는 병이나 정서 불안으로 나타나 더욱 위험해질 수 있다.

질문지의 상황처럼 무척 화가 났는데도 표현할 수 없다고 가정해 보자. 새 아내가 들어온 지도 1년이 지났다. 따라서 서로 적응이 될 법도 한데, 당신은 오히려 감정만 더 상해 있다. 상황이 악화될 때마다 당신은 자신에게 뭔가 문제가 있는 게 아닌가 하는 걱정도 하게 된다.

하루는 새 아내 때문에 마음이 몹시 상해 있는데 남편이 방으로 들어왔다. 그래서 당신은 남편을 향해 참았던 감정을 폭발시켰다.

"여보, 저 여자 당장 내보내요. 난 저 여자랑 못 살겠어요. 하루 하루가 끔찍하다니까요!"

이때 배우자의 반응은 여러 가지일 것이다. 남편이 다음처럼 말한다면 당신은 어떻게 반응할 것인가? 아래에 적어 보자.

질문

Q1 가만히 좀 있어. 당신 정말 왜 그래? 나더러 지금 저 여자를 내보내라는 거야? 말할 가치조차 없군.

당신의 반응

Q2 당신이 그렇게밖에 말을 못하다니 정말 화가 나. 설령 당신이 그런 생각을 갖고 있다 하더라도 나한테 그렇게 말하면 안 되는 거 아냐? 제발 그만해. 그런 얘긴 듣고 싶지도 않으니까.

당신의 반응

Q3 여보, 부탁인데 제발 나한테 불가능한 걸 요구하지 마. 난 저 사람을 내보낼 수 없어. 우리는 한 가족이란 거 정말 모르겠어?

당신의 반응

Q4 그렇게 내보낼 생각만 하지 말고 서로 잘 지낼 생각을 해보는 건 어때? 당신 점점 더 부정적으로 변하는 것 같아. 그리고 이제 그런 얘기는 제발 그만해. 지겹단 말이야.

당신의 반응

Q5 내가 저 여자랑 함께 사는 건 나만 좋자고 하는 게 아니잖아. 당신한테도 같이 이야기할 친구가 필요한 것 같아서 저 여자를 데리고 들어온 거라고!

> 당신의 반응
> ------------------------------
> ------------------------------
> ------------------------------
> ------------------------------

Q6 여보, 당신이 잘 모르나 본데, 난 저 여자만 사랑하는 게 아냐. 난 당신도 저 여자 못지않게 똑같이 사랑한다고. 그러니까 제발 그러지 마. 나도 힘들어.

> 당신의 반응
> ------------------------------
> ------------------------------
> ------------------------------
> ------------------------------

이런 입장에 놓인다면 대부분의 사람들은 자신이 어리석을 뿐만 아니라 구제불능에다 능력 없고 버림받았다는 생각을 할 것이다. 그뿐인가! 자신 안에 남을 못살게 굴리는 강한 의지가 살아 꿈틀거리고 있다는 사실도 깨닫게 될 것이다. 새 아내를 받아들이지 못하고 죽이고 싶을 만큼 미워하거나 신체적으로 해를 가하고 싶은 마음마저 들 것이다. 그러한 화를 통해 우리 자신이 상처를 받거나 불이익을 당한다 해도 기꺼이 그것을 감수할 만큼 말이다. 배우자한테 알랑거리면서 붙어 있는 그녀를 떼어내기 위해서라면 무엇이든 할 준비가 되어 있을 것이다. 아울러 나 아닌 다른 사람을 데리고 와 버젓이 받아들이라고 하는 배우자에게 해코지하고 싶은 마음마저 드는 게 솔직한 심정이다.

이런 생각이 드는 건 아주 당연하다. 내가 사람들에게 배우자가 새 아내나 새 남편을 어떻게 했으면 좋겠느냐고 묻자 모두들 한목소리로 이렇게 대답했다. "당연히 내쫓아야죠."

물론 이렇게 말한 사람들도 있었다. 단지 내가 바란다는 이유만으로 남편이 새 아내를 내쫓는다면 자신 역시 내쫓김을 당할 수 있다고.

만약 새 아내가 들어와 같이 살고 있다면, 남편이 어떤 말을 해주기를 바랄까? 이런 말이 아닐까?

"여보, 그래도 내가 제일 사랑하는 사람은 당신뿐이야. 새 아내는 나에게 의미가 없어."

이처럼 남편이 아내의 감정을 이해하고 받아들여 주는 것이 가장 중요한 해결책이다. 비록 아내가 이렇게 대꾸한다 해도 말이다.

"내 입에서 좋은 소리가 나오리란 건 기대하지도 마세요. 새 아내 험담을 한다 해서 나에게 화를 내서도 안 돼요."

아내가 화가 나 있는 상태에서는 그러면 안 된다고 말해서는 안 된다. 아내의 마음을 공감하고 다독여주어야 한다.

"여보, 난 당신이 그렇게 힘든 줄 몰랐어. 당신이 무엇 때문에 그렇게 힘든지 나에게 다 말해 봐. 지금 기분은 좀 어때?"

만약 새 아내와 무조건 잘 지내야 한다고만 말한다면 상황은 더욱 악화될 뿐이다.

어른들도 이런 상황에 부딪히면 힘들게 마련이다. 하물며 아이들이야 더 말할 것도 없다. 아이들은 자기 형제에 대한 감정을 마음껏 표현하고 발산해야 한다. 그것이 좋지 않은 감정이라 해도 말이다. 하지만 감정은 발산하되, 그 감정이 행동으로까지 이어져서는 곤란하다. 서로 폭력을 행사하지 않도록 부모가 단호하게 말할 필요가 있다. 그리고 폭력을 행사하지 않고도 자신의 감정을 표현할 수 있는 방법을 가르쳐주어야 한다.

다음은 형제자매와의 관계에서 발생할 수 있는 문제 상황을 만화로 그린 것이다. 이 만화를 통해 아이들과 어떤 식으로 대화를 나누어야 하는지 알게 될 것이다.

CARTOON 1 아이의 감정을 무시하는 바람직하지 않은 예

CARTOON 2 아이의 감정을 표현하게 하는 바람직한 예

아이의 불만을 상상 속에서 해소하게 해주기

CARTOON 1 아이의 감정을 무시하는 바람직하지 않은 예

CARTOON 2 아이의 감정을 표현하게 하는 바람직한 예

아이의 적개심을 창의적으로 표현하게 해주기

CARTOON 1 아이의 감정을 무시하는 바람직하지 않은 예

CARTOON 2 아이의 감정을 표현하게 하는 바람직한 예

PART 2 아이들의 감정을 인정하고 존중할 때 싸움을 멈춘다

아이의 감정을 안전하게 표현할 수 있도록 도와주기

CARTOON 1 아이의 감정을 무시하는 바람직하지 않은 예

CARTOON 2 아이의 감정을 표현하게 하는 바람직한 예

있는 그대로 아이의 말을 들어주어라

아이의 감정을 있는 그대로 이해하고 받아들이는 것은 정말 중요하다. 만약 아이가 할머니가 동생만 더 예뻐한다고 불평하면 그런 불평을 한다고 야단치거나 뭐라고 할 게 아니라, 있는 그대로 감정을 받아주거나 아이 편을 들어주어야 한다.

어떤 부모는 딸아이가 남동생을 꼬집거나 밀칠 때마다 혼내기도 하는데, 그럴 때는 꼬집거나 밀치지 말고 말로 하라고 단호하게 타일러야 한다.

"앞으로 어떡하죠? 저는 아이에게 하지 말았어야 할 말들을 너무 많이 한 것 같아요."

"과연 제가 이렇게 할 수 있을지 모르겠군요. 자신 없어요. 차라리 아이한테 심리 치료를 받게 하는 게 낫겠어요."

"아마 우리 아이가 심리 치료를 받아야 한다면 저는 날마다 병원에 다녀야 할 것 같아요. 일주일에 하루로는 어림도 없어요."

나는 부모들의 이야기를 들으며 과거 내가 했던 걱정들을 떠올렸다. 당시 나도 아이들 때문에 이들처럼 걱정이 태산 같았다. 하지만 이런 식으로 하나씩 문제를 풀어 나가다 보면 어느 순간 저절로 풀리게 된다.

부모코칭 1. 아이의 감정을 공감하고 존중한다

"동생이 죽었으면 좋겠어. 내 인라인스케이트를 허락도 받지 않고 자기 마음대로 타더니 망가졌다고!"

아이는 자기가 지금 어떤 감정인지 부모가 이해해 주기를 바란다. 따라서 부모는 아이의 기분을 충분히 이해한다는 걸 말로 표현해서 그 상황을 극복할 방법을 아이 스스로 찾아내도록 도와주어야 한다.

⇨ "죽이고 싶을 만큼 화가 났구나."

⇨ "네 물건을 허락도 없이 쓰고 망가뜨리기까지 하다니 나빴다. 그치?"

⇨ "이러면 어떨까? '내 허락 없이는 내 물건에 손대지 말 것'이라고 네 방문 앞에 크게 붙여놓는 거야. 어때?"

부모코칭 2. 아이들이 서로 싸우지 않도록 단호하게 대처한다

"동생을 때리면 안 된다고 했지?"

아이에게 화난 감정을 상대에게 전달하기 위해서는 어떻게 해야 하는지 알려준다.

⇨ "네가 얼마나 화가 났는지 때리지 말고 말로 하렴. 인라인스케이트를 네 허락도 없이 가져간 것에 대해 말해 봐. 다음부터는 그러면 안 된다고 말이야."

이럴 땐 어떻게 해야 되나요?

1. 둘째아이가 화가 몹시 나 있었어요. 그래서 저는 아이의 감정을 충분히 이해하고 받아들인다고 말해 주었지요. "네가 형을 싫어하는 거 다 알아." 라고 말이죠. 그랬더니 아이가 갑자기 고래고래 소리를 지르는 거예요. "엄마가 알기는 뭘 알아! 엄마는 새빨간 거짓말쟁이야!" 순간 저는 아무 말도 할 수가 없었어요. 도대체 뭐가 잘못된 건가요?

▶▶ 아이는 두 가지 상반된 감정을 느끼고 있는 거예요. 형을 싫어하는 감정뿐만 아니라 좋아하는 감정도 있어요. 그래서 어떤 때는 형이 좋다가도 또 어떤 때는 형이 미워 죽을 지경이 되는 거예요. 아이에게 그런 감정을 꼭 이야기해 주어야 합니다.

어떤 때는 대화가 다람쥐 쳇바퀴 돌 듯 맴돌 때가 있어요. "너 정말 형이 밉니?"라고 물으면 "네, 형이 이 세상에서 완전히 사라져 버렸으면 좋겠어요."라고 대답하는 거지요.

이럴 때는 그 상황을 벗어날 수 있도록 대화를 이끌어 주어야 한답니다. "형한테 왜 화가 났는지 엄마한테 말해 줄래? 네가 화내는 걸 보니까 형이 너한테 잘못한 게 분명하구나. 형이 너한테 욕했니? 무슨 일인지 엄마가 알 수 있게 말해 봐." 이런 식으로 대화를 유도해 간다면 아이는 말하는 동안 마음이 풀릴 거예요. 그리고 엄마도 아이의 감정을 이해하게 될 거고요.

2. 동생을 꼬집는 네 살 난 딸아이에게 동생을 꼬집지 말고, 정 그러고 싶으면 네 방에 가서 인형을 꼬집으라고 했어요. 그래도 딸아이는 싫다면서 계속 동생을 꼬집는 거예요. 그럴 때는 대체 어떤 식으로 타일러야 하나요?

▶▶ 자기 방에 가서 인형을 꼬집는 것과 엄마 앞에서 인형을 꼬집는 것은 엄연한 차이가 있답니다. 그러므로 인형을 가지고 와서 엄마 앞에서 꼬집으라고 얘기하세요. "동생을 꼬집지 말고 여기 인형이 있으니 인형을 꼬집어. 그리고 엄마가 보는 앞에서 네가 얼마나 화가 났는지 표현해 봐."라고 말예요.

엄마 앞에서 자신의 감정을 표현하라고 하는 게 중요합니다. 그러면 아이는 인형을 꼬집고 때리면서 자신의 감정을 표출할 거예요. 엄마는 이때 아이의 감정을 말로 표현해 주면 됩니다. "너, 동생이 정말 밉구나. 동생이 널 화나게 했니? 앞으로는 동생한테 화가 나면 여기 인형한테 표현을 해. 그러면 엄마가 네 마음을 더 잘 알 수 있을 거야."

이런 식으로 대화가 자연스럽게 흘러가면 좋은데, 꼭 그런 것만은 아닌 게 현실이에요. 엄마가 인형에게 감정을 표현하라고 하면 아이가 인형을 냅다 던져버리는 경우도 있고요. 그런 모습을 바라보는 부모의 마음은 불편할 수밖에 없답니다.

그럴 때는 아이에게 화난 마음을 그림이나 찰흙, 베개로 표현해 보라고 하세요. 그리고 아이의 감정을 엄마가 대신 이야기해 주는 거예요. "지금 네 기분을 그림으로 그려 보렴. 온통 까만색으로 칠해 놓은 걸 보니 너 단단히 화가 났구나.", "베개를 그렇게 힘껏 던지다니, 너 정말 동생을 때리고 싶구나. 하지만 동생을 때려서는 안 돼. 네가 얼마나 화가 났는지 엄마한테 말해 봐. 괜찮아, 큰소리로 말해도 돼."

3. 우리 큰아이는 친척들이 와서 동생 보고 예쁘다고 하면 금세 의기소침해져요. 구석으로 쪼르르 가서 풀이 죽어 있고는 하죠. 그러다가 친척들이 돌아가면 동생한테 달려들어서 꼬집고 때려요. 이럴 땐 정말 어떻게 해야 할지 모르겠어요.

▶▶ 친척들에게 작은아이를 사랑스러운 눈길로 바라보지 말라고 할 수도 없고 참 난감한 상황이죠? 이럴 때는 큰아이를 설득할 수밖에 없답니다. 왜 친척들이 동생을 보며 귀엽다고 하는지 솔직하게 말해 주는 거예요.

"너도 아기였을 땐 어른들이 온통 너만 보러 오셨단다. 네가 기억을 못해서 그렇지 아기였을 때 너는 집안의 귀염둥이였어. 그건 네가 예쁘기도 했지만, 아기였기 때문에 그랬던 거야. 지금 동생도 그때의 너랑 마찬가지란다. 그래도 동생만 예뻐해서 기분이 좋지 않을 때는 엄마한테 신호를 보내렴. 눈을 찡긋하는 건 어때? 그러면 엄마도 눈을 찡긋할게. 우리 둘이서만 알 수 있는 비밀 신호를 만드는 거야. 그럼 네 마음이 어떤지 엄마가 바로 알아차릴게."

4. 제 아들은 여동생을 마구 때려요. 그럴 때마다 제가 아들에게 "너도 그렇게 맞으면 기분이 어떻겠니?"라고 물어도 아들은 들은 척도 하지 않아요. 그러고는 슬그머니 피하고 말지요. 이럴 때는 어떻게 해야 하나요?

▶▶ 그럴 때는 묻는 방법을 바꿔보세요. 자기 속마음을 정직하게 말하게 되면 자신의 행동이 잘못됐다는 걸 인정하는 거잖아요. 그러니 이렇게 물어보세요. "누가 너한테 그렇게 한다면 어떤 기분이 들까?" 그러면 아이는 '내가 그런 일을 당하면 어떨까?' 하고 생각을 해보게 됩니다. 그리고 엄마에게 대답을 하지 않고도 자신의 잘못을 깨닫게 된답니다. 그렇게 하다 보면 동생을 때리는 횟수도 줄어들게 되지요.

5. 아이가 십대가 되면 이제 이해할 수 있는 나이 아닌가요? 그런데 십대인 우리 딸은 오빠에 대한 불평을 입에 달고 살아요. 그것도 저만 보면 다른 이야기를 할 수 없을 정도로 불평을 해대요.

▶▶ 하루 이틀도 아니고 누군가의 불평을 들어준다는 건 정말 힘이 드는 일이지요. 그럴 때는 아이에게 그런 불평을 듣기가 얼마나 괴로운 일인지 알려주어야 합니다. "오빠 때문에 네가 화났다는

건 알겠는데 이따가 저녁 먹은 다음에 하면 안 될까?"

이렇게 말해 보면 어느 정도 효과를 볼 수 있답니다. 어떤 엄마는 불평 공책을 한 권씩 사서 아이들에게 나눠주었대요. 거기에다 그림을 그리든 글을 쓰든 마음대로 표현하라고요. 그랬더니 엄마한테 달려와 불평을 쏟아놓는 횟수가 줄었다고 합니다.

아이들의 갈등 상황을 잠재우는
부모의 대화 기술

어떤 부모들은 아이들의 갈등 상황을 나름의 적절하고도 독창적인 방법으로 잘 해결해 나갔다. 다음은 그 사례들을 소개해 보려고 한다.

아기가 태어나면 엄마랑 같이 못 놀아요?

제게는 여섯 살 난 딸 소은이가 있습니다. 소은이가 와서 부풀어오른 제 배를 어루만질 때마다 이제 조금 있으면 동생이 태어날 거라고 말해 주었어요. 아이는 신기한 듯이 배에 얼굴을 갖다 대곤 했지요.

그런데 지난주에 갑자기 제 배를 만지면서 "난 얘가 너무 미워!"

라고 큰소리로 말하는 거예요. 그 말을 들은 저는 살짝 충격을 받았지만 금세 마음을 진정시켰어요. 아이가 자기 감정을 솔직히 표현한다는 건 그만큼 엄마를 믿고 있다는 뜻이기도 하잖아요. 사실 아이의 표정을 보고 아이가 뱃속의 아이를 그리 좋아하지 않는다는 걸 알고는 있었거든요. 하지만 실제로 표현을 해서 좀 당황스러웠지요.

"소은아, 이 아이가 미워?"

"응."

"왜? 이 아이가 태어나면 엄마가 소은이랑 같이 놀아줄 것 같지 않아서?"

"응."

"혹시 그런 기분이 들면 엄마한테 꼭 말하렴. 그럼 엄마가 소은이랑 더 열심히 놀아줄 테니까."

이렇게 서로 이야기를 나눈 뒤로는 소은이가 그런 말을 하지 않았답니다.

동생도 밉고 엄마도 미워요!

아내의 배가 불러오면서 저는 일곱 살 난 아들 진우에게 조금 있으면 귀여운 동생이 태어날 거라고 말해 주었어요. 그러자 진우는 친구들처럼 자기한테도 동생이 생기냐고 하면서 기뻐하더군요. 그러고 나서 갑자기 자기는 동생이 없어도 괜찮다고 하면서 동생이 싫다는 거예요. 그날 밤부터 진우는 이불에 오줌을 싸기 시작했어요.

얼마 후 아기가 태어났고, 진우는 동생을 잘 돌봐줬어요. 아기가 울면 어르면서 다독여 주기도 하고요. 그러다가도 엄마만 보면 밉다고 발로 차거나 얼굴로 들이받기도 했어요. 그때마다 저희 부부는 진우를 따끔하게 혼내 주었지요.

"진우 너 엄마한테 한 번만 더 그러면 혼난다!"

그러자 이번에는 치약이나 화장품으로 집 안을 온통 덕지덕지 칠해 놓는 거예요. 설상가상으로 유치원 선생님이 전화를 해서 진우의 수업 태도가 산만하다고 하면서 집에 무슨 일이 있냐고 묻기까지 했답니다.

저희 부부는 진우 문제를 놓고 깊이 있게 이야기를 나누었어요. 그리고 진우가 이런 행동을 하는 것은 자기 감정을 잘 표현하지 못해서 그런 건 아닐까 하는 결론에 이르렀어요. 그래서 아이가 감정을 솔직하게 표현하도록 도와주기로 했지요.

먼저 아내가 이렇게 이야기했답니다.

"엄마가 아기한테만 신경 써서 우리 진우 화났구나?"

저도 진우한테 좀 더 다정하게 말했지요.

"진우야, 엄마가 아기만 사랑하는 것 같지? 사실은 그렇지 않

아. 너도 아주 많이 사랑한단다. 하지만 그런 느낌이 들면 엄마한테 꼭 말하렴. 그럼 엄마가 안아줄 거야. 아니면 아빠한테 와. 아빠가 재미있게 놀아주면서 친구해 줄게."

그러면서 저희 부부는 가능하면 진우의 감정에 공감해 주고 함께 있는 시간도 늘렸습니다. 그러자 점점 효과가 나타났어요. 진우의 행동이 눈에 띄게 달라진 거지요. 한번은 유치원 선생님과 상담을 하는데 이런 말씀을 하시더군요.

"아이가 이렇게 달라지다니 정말 믿어지지 않아요. 진우가 반에서 집중력이 제일 좋아요. 발표도 아주 잘하고요. 진우한테 대체 무슨 일이 있었는지 궁금해지네요."

제 이야기는 언제 들어주실 거예요?

며칠 전이에요. 아이들이 학교에서 집으로 돌아올 시간이 훨씬 지났는데도 안 오는 거예요. 그래서 아이들을 찾으러 나갔지요. 그랬더니 저만치 여덟 살인 영우가 눈물을 훔치면서 걸어오는 거예요. 그 뒤로 열두 살인 대영이가 떨어져서 걸어오고 있었고요. 깜짝 놀란 제가 얼른 영우한테 달려가서 눈물을 닦아주며 왜 우느냐고 물었지요.

"형이 날 발로 차고 마구 때렸어요!"

영우는 더 크게 울면서 저한테 일렀어요. 저는 화가 머리끝까지 났지만 간신히 참고 영우를 달랬어요.

집으로 돌아와 저는 영우에게 간식을 만들어주고는 학교에서 무슨 일이 있었는지 물었고, 자초지종을 들을 수 있었지요. 그랬더니 영우는 형한테 맞은 걸 까마득히 잊었는지 놀이터에서 잠깐만 놀고 오겠다면서 밖으로 나갔어요. 그 모습을 힐끔힐끔 살펴보던 대영이가 저한테 다가와 말했어요.

"엄마, 왜 저한테는 한마디도 묻지 않으세요?"

"지금 물으려고 했어."

그러자 대영이는 자기가 왜 동생을 때렸는지 솔직하게 털어놓더군요.

"버스를 타고 집에 오는데 갑자기 아이들 셋이 저를 때리려고 달려들었어요. 저는 가방을 버스 창 밖으로 던지고 얼른 다음 정거장에서 내렸어요. 그리고 무조건 달려서 내뺐지요. 그런 다음 가방을 찾으러 갔는데 글쎄 영우가 제 가방을 들고 걸어오는 거예요. 순간 정말 화가 났어요. 그래서 때렸어요. 영우가 맞을 짓을 한 거라고요."

"그러니까 영우를 때린 건 영우가 네 가방을 들고 와서 그랬다는 거니? 영우가 그 아이들과 한패라고 생각한 거야?"

"맞아요, 엄마! 그렇지 않으면 영우가 어떻게 제 가방을 들고 오겠어요?"

저는 순간 할 말을 잃었습니다. 뭐라고 말해야 좋을지 생각하기 위해 말없이 주방으로 갔지요. 식사 준비를 하려는데 대영이가 제 뒤에 가만히 다가와서 말하더군요.

"엄마, 저 엄마한테 할 말이 있어요. 그런데……."

대영이는 괴로운 듯 얼굴을 잔뜩 일그러뜨리며 머뭇거렸습니다. 그래서 제가 얼른 말했지요.

"말로 할 수 없을 때는 글로 써보면 어떨까?"

그랬더니 대영이가 종이를 가지고 와서 이렇게 쓰는 거예요.

'동생을 너무 많이 때린 것 같아요. 엄마, 죄송해요.'

"음……."

저는 가만히 고개만 끄덕였습니다. 그러고는 이렇게 덧붙여 말했지요.

"너, 동생한테 정말로 잘못했다고 생각하는 거니?"

"네."

그러고는 자기가 왜 그렇게 동생을 마구 때렸는지 낱낱이 이야기하는 거예요.

"엄마, 만일 그 애들이 날 향해 달려들지만 않았어도 영우를 그렇게 때리지는 않았을 거예요."

"그래, 당연히 때리지 않았을 거야."

그날 저녁 대영이는 영우와 사이좋게 놀았답니다. 물론 영우에게 다른 때보다 훨씬 더 다정하게 대해 주었고요.

내 마음을 글로 표현하면 마음이 가라앉아요

우리 딸아이는 오빠에게 불만이 엄청 많아요. 바로 어젯밤에 일어난 일이에요. 딸아이는 저를 보자마자 오빠에 대해 불평을 늘어놓기 시작했어요. 제가 아무리 이해한다고 하고 다독여도 딸은 불평을 멈추지 않았어요. 그래서 제가 딸이 말하는 것을 펜으로 적어봤어요.

1. 오빠가 내 전화 통화를 엿듣는 게 정말 싫다.
2. 오빠가 음식을 소리내서 씹는 게 소름끼치도록 싫다.
3. 노크를 하지 않고 내 방에 불쑥 들어오는 건 더더욱 싫다. 또 나가라고 해도 웃기만 하면서 장난을 치는데, 죽이고 싶을 만큼 얄밉다.

저는 딸이 한숨을 돌리는 사이에 적은 것을 딸에게 읽어주었어요. 딸은 자기가 한 말을 다시 듣는 게 재미있는지 웃더군요. 그래서 저는 딸에게 할 말이 더 있느냐고 물었어요. 그랬더니 더 있다면서 두 가지를 말하더군요. 저는 그것까지 받아 적은 다음 딸에게 말했어요.

"이걸 오빠에게 보여줘야겠다. 그런데 내 생각에는 한 번에 다섯 가지를 지적받으면 고칠 것 같지가 않구나. 이 중에서 가장 중요한 것 한두 가지만 골라서 오빠에게 보여주자."

딸은 제가 적은 목록을 훑어보더니 두 개의 항목에 동그라미를 치더군요. 그러고는 호주머니에 넣고 자기 방으로 돌아갔어요. 그 뒤로 어떻게 했는지 궁금했지만 더는 물어보지 않았어요. 차라리 모르는 게 나을 것 같았거든요.

엄마가 동생을 낳아주면 착한 형이 될래요

어느 날 여섯 살 난 아들 현준이가 대성통곡하며 저한테 왔어요. 형이 자기한테 '껌딱지'라고 부르며 방에서 쫓아냈다는 거예요. 저는 아이를 달래며 이렇게 말했지요.

"그래서 우는 거구나. 형이 놀아 주지도 않고 너한테 껌딱지라고 말해서……."

제 말을 듣고 있던 아이가 고개를 끄덕이며 어느새 울음을 그치더군요.

"넌 형이 같이 놀아주길 바란 거지?"

"네. 그리고 형 망원경도 갖고 싶어요."

"그렇구나."

"스티커도 나한테 나눠줬으면 좋겠어요. 난 동생이 있으면 그렇게 할 텐데……."

"그랬겠지. 엄마도 네가 형이 되면 그렇게 할 거라고 생각해."

"엄마, 좋은 생각이 있어요. 동생을 낳아주세요."

저는 그만 할 말을 잃고 말았답니다.

동생 생일만 챙기는 건 싫어요

윤아의 아홉 번째 생일 파티를 준비할 때였어요. 열두 살인 오빠 준하가 온갖 심술을 부리는 거예요. 저는 준하가 유치하게 구는 게 기가 막혀서 화만 냈지요. 그랬더니 준하도 화를 내며 문을 쾅 닫고 나가더군요.

저는 열두 살이나 된 아이가 그런 식으로 구는 게 이해가 되지 않았어요. 그러면서도 한편으론 윤아를 위해 요란법석을 떨며 생일 파티를 열어주는 게 싫을 수도 있겠다는 생각이 들더군요. 그래서 준하의 방으로 가 말을 걸었지요.

"준하야, 아까는 아빠가 화내서 미안해."

준하는 그저 뿌루퉁한 얼굴로 저를 쳐다봤어요.

"네 생일은 언제지?"

"다섯 달이나 남았어요."

"여섯 달이 아니고?"

"지금이 3월이니까 4, 5, 6, 7, 9월, 그러니까 다섯 달이잖아요."

"8월은 빼고?"

"아차, 8월이 빠졌네! 그럼 아빠 말대로 여섯 달이나 남았네요."

"준하야, 이건 어떨까? 네 생일 파티를 다음 달로 하는 거야. 9월을 4월로 옮기는 거지."

그제야 준하의 얼굴에 웃음기가 돌았답니다. 우리 부자는 이런 식으로 이야기를 나누었고, 준하는 윤아의 파티 준비를 기꺼이 도와주었지요.

안 좋은 기분을 그림이나 글씨로 표현하면 좋아져요

며칠 전 갑자기 텔레비전이 안 나오는 거예요. 그래서 서비스 센터 기사를 불렀지요. 기사는 텔레비전이 안 나오는 이유를 10초도 안 돼 금방 찾아내더군요. 느슨하게 꽂힌 플러그를 단단히 꽂자 글쎄 텔레비전이 바로 나오는 거예요.

서비스 센터 기사가 출장비에다 수리비와 세금까지 적힌 명세서를 척 내미는데 하도 기가 막혀서 현관으로 걸어가는 그를 향해 따졌지요. 그랬더니 이렇게 말하는 거예요.

"아줌마, 화를 내봤자 소용없어요. 아줌마 건강에 해로울 뿐이에요."

그 순간 욕이 입 밖으로 튀어나올 뻔했지만 아이들도 보고 있어 차마 할 수가 없었어요. 대신 그가 가고 난 후 하얀 종이에 크게 글씨를 썼지요.

> 와! 저 인간, 저 날도둑놈 같으니라고!
> 사기꾼! 다시는 절대 안 부를 테다!
> 다시 부르면 내가 사람이 아니야!
> 동네 아줌마들에게도 다 이야기해서 소문을 내야지.
> 인터넷에도 올려서 사람들이 당하지 않도록 할 거야!

그런 다음 그의 모습을 그려넣었어요. 물론 괴상망측하게 그렸지요. 혓바닥은 쭉 내밀고, 눈은 돈 모양으로 그려넣고, 코는 비뚤어지게, 입은 엄청 크게 그렸어요. 그랬더니 그제서야 기분이 좀 나아졌지요.

저녁이 돼서 남편이 퇴근해 돌아왔는데 그 말을 듣고는 화를 내더군요. 그래서 제가 낮에 그린 그림을 보여줬어요. 그 그림을 본 남편은 배꼽을 잡으며 웃었어요. 화났던 기분도 좀 가라앉았어요.

그 뒤로 우리 애들도 화가 나거나 뭔가 자기 뜻대로 되지 않으면 그림을 그리거나 글을 써요. 이건 열한 살 난 우리 둘째아들이 자기 형에 관해 쓴 거예요.

김명수 형의 나쁜 성격들

1. 바보 같다
2. 멍청하다
3. 얼간이
4. 욕심쟁이
5. 심술꾸러기
6. 조폭
7. 게으르다
8. 거짓말쟁이
9. 괴상망측하게 생겼다
10. 잘 잃어버린다

결론:
김명수 형을 만나는 사람은 1분도 안 돼 싫어할 것입니다.
이것은 일급비밀입니다.

—비밀정보국

어느 날 아침 우리 딸이 제게 이런 그림을 보여주었어요. 그러면서 이렇게 말하더군요.

"엄마, 이걸 보면 내가 얼마나 화가 났는지 알 수 있을 거예요.

큰오빠가 내가 제일 아끼는 빨간색 크레파스를 일부러 부러뜨렸단 말이에요."

이제는 동생을 때리지 않아요

아이들이 학교에서 돌아온 지 얼마 안 돼 방에서 티격태격하는 소리가 들렸어요. 서로 의견이 맞지 않았는지 큰소리가 오간 뒤 오빠인 승수가 방문을 세게 열고 나와 자기 방으로 후다닥 뛰어가는 거예요. 그러고는 종이와 연필을 들고 와서는 동생 지은이한테 소리치더군요.

"나, 너 때문에 무지 화났어. 이 종이를 구멍 내듯이 너를 쿡쿡 찌르고 싶다고!"

그러더니 승수는 연필로 종이를 쿡쿡 찔렀어요.

"이 종이가 네가 아니란 걸 다행으로 알아."

이런 식으로 승수는 자신의 화를 다스렸어요. 이주일 전이라면 분명 동생을 사정없이 때렸을 거예요. 하지만 승수에게 화가 날 때면 동생을 때리지 말고 말로 하라고 자꾸 타일렀더니 이제는 제법 긍정적인 방법으로 화를 풀어내고 있어요. 말이 늘어나고 폭력이 줄어든 거지요.

화가 나지만 말로 표현해요

여덟 살인 태훈이는 인내심이라고는 전혀 없어요. 동생이 조금만 대들어도 발로 차기부터 하니까요. 어제는 아이들을 뒷좌석에 태우고 고속도로를 달리고 있는데 태훈이가 슬슬 또 시작하는 거예요.

"엄마, 지훈이가 장난감으로 제 얼굴을 쳤어요!"

"언제 그랬어? 난 안 그랬어!"

"조금 전에 그랬잖아!"

"일부러 그런 게 아냐. 장난감을 들려다가 그런 거지."

제가 뒷거울로 아이들을 보니 태훈이가 지훈이를 때리려고 손을 들고 있었어요. 그래서 얼른 말했지요.

"태훈아, 얼굴을 맞았으니 얼마나 아프겠니. 일부러 그런 게 아니라고 해도 얼굴을 맞으면 아프다는 것 엄마도 알아. 그러니까 동생을 때리지 말고 얼마나 아픈지 말로 하면 어떨까?"

태훈이는 지훈이한테 한참 동안 뭐라고 말했지만 적어도 때리지는 않았어요. 정말 놀라운 경험이었답니다. 태훈이한테 화난 감정을 말로 하는 게 중요하다고 끊임없이 말하고 제가 모범을 보였기 때문에 가능한 일이었지요.

나쁜 말 대신 내 감정에 대해 솔직하게 털어놓을래요

저는 딸만 셋 있습니다. 십대인 딸들과 우리 부부는 서로 짓궂게 놀려댈 때가 많아요. 아내와 저는 딸들을 향해 심술보니 울보니 하면서 놀렸고, 아이들도 자기들끼리 별로 좋지 않은 별명을 지어 불렀어요.

그런데 지난주 부모 모임에서 우리의 언어 습관이 잘못됐다는 걸 깨달았어요. 하루는 저녁을 먹고 나서였어요. 아이스크림을 놓고 두 딸이 싸우는 거예요. 그러다가 한 아이가 언니를 향해 "이 못된 돼지야!"라고 소리치더군요.

그 모습을 본 저는 가족을 한자리에 모이라고 하고는 단호하게 말했어요.

"오늘은 아빠가 하고 싶은 말이 있단다. 그동안 우리가 서로를 좋지 않은 단어로 불러 왔다는 걸 잘 알고 있을 거야. 그래서 본의 아니게 서로 상처를 주고받았지. 하지만 오늘 이 시간부터는 그런 호칭으로 부르지 않기로 하자. 엄마 아빠도 당연히 너희들을 심술보니 울보니 그렇게 부르지 않을게. 자, 지금부터다!"

"좋아요, 아빠. 무슨 말인지 알겠어요."

말은 그렇게 했지만 아이들 표정은 시큰둥했습니다. 하지만 적어도 가족들이 다 모인 자리에서 잘못된 언어습관을 고치자는 말은 아주 잘한 거였습니다. 아이들이 싸우면서 바보라는 둥 병신 같다는 둥 험한 말을 할 때면 그때그때 우리 부부가 지적해 줄 수 있으니까요.

"그런 말은 엄마 아빠도 안 하고, 너희들도 안 하기로 했잖아. 그러니까 화가 나면 왜 화가 났는지 설명해 봐."

그랬더니 아이들은 자기 감정에 관해 솔직히 털어놓았어요. 이러한 상황은 제가 화를 냈을 때도 마찬가지예요. 아이들이 저에게 말로 하라고 이야기하거든요.

"아빠, 화내지 말고 말로 해야 하는 거잖아!"

"그래, 미안하다. 아빠가 깜박했네. 아빠는 너희가 이럴 땐 정말 싫단다."

아주 사소한 언어 습관의 변화가 집안 분위기를 완전히 달라지게 만들었어요. 부모가 먼저 모범을 보여야 아이들도 따라 온다는 건 변함없는 진리더군요.

때리는 대신 솔직하게 이야기해요

그날 아침은 정말 최악이었어요. 아침에 마트에 가서 장을 보고 왔는데 작은아이가 차 안에서 잠이 들었더라고요. 그래서 짐을 먼저 집 안으로 들여놓고 있었죠. 그때 여섯 살짜리 큰아이 재원이가 제 꽁무니를 당기며 징징거리는 거예요. 그래서 저는 재원이한테 아기가 차 안에서 잘 자고 있는지 보고 오라고 했어요.

그런데 시장 본 걸 다 정리한 뒤에도 재원이가 들어오지 않는 거예요. 얼른 밖으로 나갔죠. 차에 갔더니 재원이가 우는 동생 얼굴에 딸랑이를 마구 흔들어대고 있지 뭐예요. 그래서 제가 재원이한테 물었어요.

"네가 동생을 깨웠니?"

"네."

재원이는 아기가 너무 오래 자서 화가 났다고 하더군요. 순간 재원이를 향해 손이 올라갈 뻔했지만 꾹 참고 의자를 내리쳤어요. 그런 식으로 제가 얼마나 화가 났는지 알려주었지요. 재원이는 차에서 내리지 않고 가만히 있더군요. 저는 동생만 안고 집으로 들어왔어요.

한 10분쯤 지났을까? 다시 밖으로 나갔더니 재원이가 들어오면서 동생이 정말 싫다는 말부터 하는 거예요. 저도 그때는 화가 많이 가라앉은 상태라 재원이의 말을 흘려들으며 식탁 앞에 앉혀놓고 말했어요.

"엄마가 보기엔 우리 서로 할 말이 많은 것 같다. 넌 동생이 좋을 때도 있지만 미울 때도 있지?"

"네."

재원이가 고개를 끄덕였어요.

"어떻게 하면 좋을까? 좋은 방법이 있는지 우리 한번 이야기해 볼까?"

그러자 재원이가 불쑥 이렇게 말하더군요.

"엄마, 내가 화가 나면 동생을 때릴지도 모르니까 아기를 안으세요. 그럼 내가 못 때리잖아요."

저는 재원이의 말에 깜짝 놀랐어요. 그런 식으로 자기 감정을 표현하리라고는 생각지도 못했거든요. 겨우 여섯 살밖에 되지 않은 애가 그런 말을 하다니, 정말 놀랐지요. 하여간 그 뒤로는 문제가 터지기 전에 막을 수 있었어요.

재원이는 차 안에서도 기분이 좋지 않으면 미리 자리를 바꿔 달라고 해요. 동생이 자기를 괴롭힐 때면 저더러 다른 방으로 데리고 가라고도 하고요.

물론 재원이가 처음부터 이랬던 건 아니에요. 사실 재원이가 나쁜 행동을 할 때마다 저는 매를 들었어요. 그랬더니 아이가 더 폭력적이 되더라고요. 그러다 좀 더 바람직한 방식으로 바꾸기로 했답니다. 재원이의 행동으로 인해 엄마 마음이 좋지 않다고 계속 말로 이야기한 거지요. 그랬더니 아이도 동생을 때리는 대신 자신의 감정을 솔직히 말하고, 동생을 보호할 수 있는 방법을 생각해 내더라고요.

나쁜 감정을 인정해야 좋은 감정이 생겨요

제 두 딸은 여덟 살과 네 살이에요. 큰딸인 다정이가 동생 다은이를 질투한다는 건 이미 알고 있었어요. 그렇다고 동생을 못살게 굴거나 때리는 건 아니에요. 그냥 무시할 뿐이죠. 그래서 뭐라고 대놓고 말할 수는 없었어요.

그러다 다정이를 불러 이야기를 나누기로 마음먹고는 다은이를 재운 뒤 다정이와 소파에 나란히 앉았어요. 그리고 어깨에 손을 두르고 말했지요.

"우리 둘만 있으니까 좋지? 엄마랑 이렇게 둘이 이야기하니까 어때?"

"좋아요."

"우리 다정이가 동생이 귀찮을 때가 많은가 보구나. 인형도 같이 갖고 놀아야 하고 장난감도 같이 갖고 놀아야 하고, 엄마도 독차지할 수 없으니까…….”

그 다음에는 시간이 어떻게 지나갔는지 모르겠어요. 다정이의 입에서 생각지도 못한 속엣말들이 줄줄 흘러나왔거든요. 동생은 정말 못생겼다, 동생이 죽었으면 좋겠다 등 끝까지 들어줄 수 없는 말들을 해댔어요.

다행히 전화가 와서 다정이를 혼내지 않고 그 상황을 마무리할 수 있었지만 아이의 마음을 알고는 얼마나 놀랐는지 몰라요.

그런데 그날 밤 아이들이 잘 자고 있는지 보기 위해 아이들 방으로 갔는데 순간 제 눈을 의심했어요. 글쎄 다정이가 다은이를 꼭 껴안고 자고 있지 뭐예요. 엄마에게 속엣말을 한 후 동생에 대한 나쁜 감정이 사라지고 그 자리에 좋은 감정이 자리잡았나 봐요.

아이들에게 무턱대고 좋은 감정을 가져야 한다고 훈계한다면 오히려 나쁜 감정의 골만 깊어지게 만드는 것 같아요. 나쁜 감정을 인정해 준 다음에 좋은 감정이 싹튼다는 것을 이번 일로 깨달았어요. 쉽게 이해할 수는 없지만 이런 방법이야말로 형제자매가 화목하게 지낼 수 있는 비결이 아닐까요.

비교하는 게 나쁜 이유는 어른이 된 후에도
다른 사람들하고의 관계를 늘 경쟁적으로 만든다는 사실이다.
엄마가 자기한테 한 일을 다시 자기 스스로에게 하는 것이다.
스스로가 비교하는 데 너무나 익숙해져 있기 때문이다.
그런데 다른 사람과 비교하면 할수록 우월감을 느끼는 건 잠깐이고,
결국엔 패배의식에 젖어 살게 된다.
패배의식에 빠져 사는 삶이 결코 행복할 리 없다.

비교하는 순간, 아이들의 사이는 '최악'이 된다

부모 자신도 모르는 사이에 아이들을 비교한다

의도한 건 아니지만, 간혹 부모들이 형제자매의 경쟁심을 부추기기도 한다. 부모 자신도 모르게 저지르는 대표적인 실수가 아이들의 개성을 존중하지 않고 서로 비교하는 것이다.

"네 형은 공부를 잘하는데 넌 왜 그 모양이니?"

"네 언니 반만큼만 해봐라. 그러면 엄마가 걱정이 없겠다."

"동생처럼 좀 착하게 굴 수 없니?"

무심코 하는 부모의 이런 말들이 아이들의 마음에 생채기를 내고 있다. 부모가 아이의 입장이 되어 보면 비교를 당하는 기분이 어떤 건지 잘 알게 될 것이다. 한번 아이가 되었다고 가정하고 다음 말을 들었을 때의 기분을 상상해 보자.

"언니 봐라. 얼마나 밥을 얌전하게 먹니? 흘리지도 않고. 네 옷과 식탁에 묻은 음식들을 좀 보렴. 눈뜨고 봐줄 수가 없구나."

"꼭 이렇게 밤늦은 시간에 숙제를 해야겠니? 네 형 좀 봐라. 학교에 다녀오자마자 숙제부터 하잖니!"

"네 동생 좀 본받으렴. 매일 깨끗이 씻고, 머리도 단정하게 빗고, 셔츠도 말끔히 넣어 입잖아. 넌 동생 발뒤꿈치도 못 따라가는구나."

이럴 때 당신이라면 비참한 기분이 들면서 반항심이 생기든가 아니면 지레 모든 걸 포기해 버릴 수도 있다. 아마 속으로는 이런 생각들을 할 것이다.

'엄마, 난 언니가 아니야! 흘리지 않고 먹는 게 그리 중요해? 있는 그대로의 내 모습을 사랑해 주면 안 되겠어?'

'어쨌든 숙제는 다 해가잖아.'

'그럼 어디 동생하고만 살아봐. 난 그 녀석 꼴도 보기 싫으니까.'

'나는 제대로 할 줄 아는 게 하나도 없어. 도대체 난 왜 태어난 걸까?'

'아무리 해도 잘할 수 없다면 그냥 못하고 말지 뭐. 굳이 잘하려고 애쓸 필요 없잖아. 엄마는 나를 사랑하지도 않고 또 기대도 안 하는데.'

'좋은 쪽으로 최고가 못 된다면 나쁜 쪽으로 최고가 되면 되겠

네. 어디 두고 봐. 엄마 속을 팍팍 썩일 테니까!'

부모가 다른 형제자매와 비교할 때 아이가 '좋은 쪽으로 최고가 못 된다면 나쁜 쪽으로 최고가 되면 되겠네.'라고 생각한다는 건 정말 충격적인 일이 아닐 수 없다. 세상에는 부모의 비교로 인해 완전히 반대 성향으로 자란 형제자매들이 많이 존재하고 있다.

부모의 비교에 지친 아이는 일찌감치 '포기'를 배운다

나쁜 쪽으로 최고가 되겠다고 결심하는 것보다 더 나쁜 것은 아예 포기하는 것이다. 모임의 어느 엄마는 일생에 걸쳐 언니와 비교하는 어머니 때문에 자신감 없고 자존감 낮은 삶을 살아왔다고 고백했다.

우리 어머니는 저를 늘 언니와 비교했어요. 언니가 얼마나 잘하는지, 그에 비해 저는 얼마나 못하는지 언제나 비교해서 말했지요. 그럴 때마다 저는 어머니가 저를 왜 낳았을까 하는 생각이 들었어요. 가능하면 어머니와 언니를 멀리하려고 했고, 웬만하면 부딪치지 않으려고 노력했지요.

지금도 어머니가 우리 집에 온다고 하면 긴장부터 돼요. 잔소리가 끊이지 않거든요. 집 안이 정리가 안 되었다느니, 입고 다니는 옷은 그게 뭐냐느니, 애들은 왜 그렇게 공부를 못하냐느니 하면서 싫은 소리만 늘어놓아요.

그런데 그냥 잔소리만 하는 게 아니라, 아직도 늘 언니랑 비교를 한다는 거예요. 언니 애들은 이번에도 우등상을 받았고, 착하기까지 하다면서요. 어머니가 우리 집에 다녀가시고 나면 우울증에 걸린 것처럼 기분이 가라앉고, 헤어나오는 데 정말이지 몇 주일이나 걸려요.

어릴 때부터 비교를 당하는 데 익숙해지면 나이 들어서도 그런 방식에서 자유롭지 못하다. 결국에는 말도 안 되는 비교로 스스로를 괴롭히기도 한다.

모임의 한 남자는 어릴 때부터 아버지가 형과 자신을 비교해서, 마흔이 훨씬 넘어서도 형과 자신은 어처구니없는 일에도 서로를 비교한다고 했다. 심지어 두 사람은 병을 놓고도 경쟁했는데, 둘 다 투석을 받게 되었을 때 누가 더 아픈지, 누가 더 치료를 받아야 하는지로 말다툼을 벌이기까지 했단다.

비교당하는 아이,
비교하는 아이
모두 상처를 입는다

부모가 형제자매를 비교하는 것은 물론 좋은 의도에서다. 아이에게 상처를 주거나 아이의 자존감에 생채기를 내려는 부모는 결코 없다. 그래서 이런 실수를 계속 아무렇지도 않게 하고 있는 것이다.

실은 부모 자신도 아이들을 비교함으로써 상처 주고 있다는 사실을 잘 모른다. 그저 아이들을 독려한다고 생각할 뿐이다.

이를테면 숙제를 하지 않아서 아침에 짜증을 내는 둘째아들에게 이렇게 말한다.

"형은 숙제하느라 밤늦게까지 잠도 자지 않고 열심이더라. 엄마 아빠가 형한테 잔소리를 하지 않는 건 형은 자기가 할 일을 다 알아서 하기 때문이야."

　물론 "형은 그렇게 잘하는데 너는 왜 그 모양이니?"라고 직접적으로 말하지는 않는다. 엄마가 그런 말을 하지는 않았지만 비교당한 아이는 늘 형은 옳고 자신은 틀렸다고 생각한다.

　예를 들어 엄마가 "너는 형보다 손재주가 좋아."라고 칭찬을 해도 그 말이 아이의 자존감을 높여주지는 못한다. 아이는 마음속으로 '형이 나보다 손재주가 좋아지게 되면 어떡하지? 난 계속 손재주가 좋을 수 있을까?'라는 고민으로 더 불안해지기 때문이다. 엄마가 그렇게 만든 것이다. 형과 비교함으로써 늘 경쟁하도록 말이다.

　비교하는 게 나쁜 이유는 어른이 된 후에도 다른 사람들하고의 관계를 늘 경쟁적으로 만든다는 사실이다. 엄마가 자기한테 한 일을 다시 자기 스스로에게 하는 것이다. 스스로가 비교하는 데 너무나 익숙해져 있기 때문이다. 그런데 다른 사람과 비교하면 할수록 우월감을 느끼는 건 잠깐이고, 결국엔 패배의식에 젖어 살게 된다. 패배의식에 빠져 사는 삶이 결코 행복할 리 없다.

부모가 화났을 때 아이들을 비교하는 것은 더욱 나쁘다

　아이들을 비교하는 게 나쁘다는 것을 잘 알고 있고, 비교하지 않겠다고 다짐도 해보지만, 어느 순간 아이들을 비교하고 있는 자신을 발견하곤 한다. 그것도 자주 자신도 모르게 비교하는 말이 툭툭 튀어나오는 것이다.

특히 화가 날 때면 어김없이 아이들을 비교하게 된다. "형은 벌써 다 준비하고 차에서 기다리는데 넌 뭐 하느라 이렇게 늦니?"라는 식이다.

기쁜 순간에도 비교라는 잣대를 들이대는데, "형은 한 시간이나 들여다봐도 찾지 못했는데 넌 단 2분 만에 찾아냈구나."라고 칭찬하는 것이다.

아이들을 비교하면 안 된다는 것을 알고 있지만, 어느 순간 비교하고 싶은 마음이 들 때면 마음속으로 "안 돼!"라고 외쳐보는 것도 바람직한 방법이다. 이때 중요한 건 지금 보고 있는 현상을 있는 그대로 표현하는 것이다.

이를테면 싫다는 내색을 명확히 하거나, 아이에게 부모의 바람을 정확히 말하는 식이다. 이때 명심해야 할 것은 아이의 언행에만 국한해서 말해야 한다는 점이다. 절대 형제자매를 끌어들이지 말고!

비교하면서 꾸짖지 않기

CARTOON 1 비교하면서 꾸짖는 바람직하지 않은 예

CARTOON 2 문제가 무엇인지 묘사해 주는 바람직한 예

PART 3 비교하는 순간, 아이들의 사이는 '최악'이 된다

비교하면서 칭찬하지 않기

CARTOON 1 비교해서 칭찬하는 바람직하지 않은 예

CARTOON 2 보고 느낀 대로 표현하는 바람직한 예

칭찬을 하는 비교라 해도 결국에는 아이에게 좋지 않은 영향을 끼친다. 다른 형제를 무시하는 결과를 가져오기 때문이다. 무한경쟁 시대라고 해서 집에서부터 경쟁에 대해 가르쳐 주어야 한다고 생각한다면 그것은 오산이다. 경쟁에서 살아남는다는 게 자신의 능력을 마음껏 발휘하여 자기가 목표한 바를 이루는 거라면 협력을 북돋우는 환경에서도 충분히 가능하다.

아이가 협력하는 분위기에서 자라야 하는 이유는 다른 사람들을 존중하고 자기 자신을 믿을 수 있게 된다는 데 있다. 경쟁은 정신 건강에 좋지 않다. 불안감이나 의심이 많아지고 조급해져서 사람들을 대할 때 부정적이고 적대적으로 된다. 따라서 이런 요소들을 줄여주어야 하는 곳이 가정이다.

칭찬은 당사자만 있는 곳에서 한다

어떤 아이는 부모가 다른 형제를 칭찬하면 자기가 비교당한 것 같은 불쾌감을 느낀다. 아이에 따라 다르게 반응하기도 하지만, 칭찬은 당사자만 있는 곳에서 하는 것이 바람직하다.

그런데 어떤 경우에는 아이들이 함께 있을 때 칭찬해야 할 때가 있다. 스스로를 대견하게 여기고 아이의 기도 살리면서 다른 형제의 감정까지 고려하려면 그 일을 성취해 낸 아이가 느낄 만한 감정을 있는 그대로 말해 주어야 한다. "연습을 많이 하더니 정말 잘

하는구나."라는 식으로 말이다. 이때 주의할 점은 "좀 이따 아빠 오시면 말씀드리자."라는 표현은 삼가야 한다는 것이다.

아무리 조심한다고 해도 어쩔 수 없는 상황이라는 게 있다. 두 아이가 동시에 성적표를 내밀 때 말이다. 보통 평균이 70점 정도인 아들이 평균 85점인 성적표를 갖고 왔다면 부모는 잘했다고 칭찬할 것이다. 그때 딸아이도 성적표를 내미는데, 평균이 95점이었다면 그것을 본 아들은 금세 기가 죽게 마련이다.

그럴 때는 단지 성적만 갖고 이야기하는 게 아니라는 것을 아이에게 주지시켜 주어야 한다. 선생님이 성적표에 적어놓은 수업 태도와 학교 생활에 관해서도 꼼꼼히 살펴보고 이야기를 나누어야 하므로 한 명씩 와서 성적표를 보여달라고 하는 것이 바람직하다. 엄마 아빠가 아이들을 독립된 존재로 인정하고 성적표나 다른 결과물로 비교하지 않는다는 것을 느끼게 하면 되는 것이다.

부모가 아이들을 비교하지 않는다 해도 아이들끼리 끊임없이 비교하면서 스스로를 힘들게 하는 경우도 있다.

"동생 얼굴은 계란형인데 내 얼굴은 너무 넓적해요." "언니 다리는 길쭉길쭉한데 내 다리는 왜 이렇게 짧아요?" "오빠 배꼽에 비해 내 배꼽은 너무 푹 들어갔어요."

아이들은 이런 비교를 하느라 하루의 많은 시간을 소비하기도 한다. 부모가 옷을 사와도 "언니 게 더 좋아 보여요. 저도 언니랑 똑같은 걸로 사주세요."라고 조르며 서로 다르다는 걸 인정하지 않는다. 심지어는 자신에게 필요하지 않은 것까지도 사달라고 한다. 이처럼 아이들은 부모가 비교하지 않아도 끊임없이 자신의 형제를 의식하면서 피곤한 인생을 살아가고 있다.

부모코칭 ❸ 비교하려는 충동을 꾹 억누른다

"너는 왜 학교 갔다 오면 옷이나 신발을 아무렇게나 벗어 놓니? 네 형 좀 봐라. 얼마나 가지런하게 벗어 놓는지!"

아이를 꾸짖을 때 비교하는 건 좋지 않다. 이럴 때는 마음에 안 드는 아이의 행동이나 태도에 대해서만 이야기한다. 그리고 아이가 해야 할 일을 차근차근 알려준다.

⇨ "새로 산 운동화가 현관 입구에 널브러져 있더구나. 운동화를 신발장에 넣는 게 좋겠어."

⇨ "외투를 아무렇게나 던져놓으면 구겨지고 더러워져. 옷걸이에 걸면 좋겠어."

부모코칭 ❹ 비교하는 칭찬은 아이에게 해롭다

"네가 형보다 훨씬 더 의젓하구나."

아이를 칭찬할 때 누군가와 비교하면서 칭찬하는 건 칭찬받는 아이에게도 깊은 상처를 준다. 칭찬받지 못한 아이의 상처야 말할 것도 없다. 결국 둘은 어른이 되어서까지 상대를 이겨야 한다는 강박에 사로잡힌다. 칭찬할 때는 상황에 대해 느낀 대로만 묘사해도 충분하다.

⇨ "오늘은 신발이 잘 정리돼서 현관이 깨끗하구나."

⇨ "들어오면서 바로 정리하니 별로 힘들지 않지?"

⇨ "네 방에 널브러진 옷들을 치우니 방이 정말 깨끗해 보인다."

아이들을 비교하지 않는
부모의 대화 기술

대다수 부모들에게 아이들을 비교하지 않고 대한다는 건 무척 어렵고 힘든 일이다. 아이를 있는 그대로 인정해 주고 기다려주고 비교하지 않는 것만으로도 부모 역할을 아주 잘하고 있다고 할 수 있다.

나도 아기였으면 좋겠어요!

아내가 아기를 안고 우유를 먹이고 있었어요. 저는 징징거리는 민준이를 주방으로 데려가며 점심으로 무엇을 먹을 거냐고 물었죠. 그랬더니 민준이는 이렇게 대답하더군요.

"몰라요! 나도 아기였으면 좋겠어요. 나도 아기라면 엄마가 옷도 입혀주고 우유도 먹여주고 다 씻겨줄 거 아니에요."

아마 지난주에 이런 투정을 들었다면 민준이를 달래기 위해 아기를 깎아내리며 이렇게 말했을 거예요.

"아기는 혼자 힘으론 아무것도 할 수 없잖니. 걷지도 못하고 말도 못하잖아."

하지만 지난주 모임에서 비교하는 것의 폐해에 대해 여러 가지 의견을 나누었던 터라 민준이와 전에 없는 대화를 나눌 수 있었지요.

"민준이도 아기가 되고 싶구나. 아기는 엄마 아빠가 뭐든 다 해주니까."

"아빠는 아기가 되고 싶지 않아요?"

"아빠는 우주인이 되고 싶은걸!"

"정말요? 아빠는 아기가 되고 싶지 않아요?"

"아빠는 지금 이대로가 좋아!"

"정말요?"

"아기가 되면 아무것도 할 수 없잖아. 하지만 아빠는 지금 많은 걸 할 수 있단다. 너랑 얘기도 할 수 있고, 또 여러 가지 선택도 마음대로 할 수 있고."

"분홍색이 싫으면 분홍색 옷을 입지 않아도 되고요."

"그렇지."

"아빠는 무슨 색을 좋아해요?"

"기분에 따라 달라진단다. 파란색이 좋을 때도 있고 녹색이 좋을 때도 있고. 지금은 파란색이 좋아."

민준이가 잠시 생각을 하더니 말하더군요.

"아빠, 계란밥 먹고 싶어요."

동생 성적을 따라가려면 멀었어요

중학생인 우빈이가 집에 들어오며 큰 소리로 말했어요. 기분이 좋은지 목소리가 들떠 있더군요.

"아빠, 성적이 아주 잘 나왔어요. 물론 진희의 성적과는 비교할 바가 못 되지만······."

그 말을 들은 저는 하마터면 이렇게 말할 뻔했어요.

'진희는 그만큼 열심히 노력하잖니? 너는 운동하는 것에만 관심이 많고.'

하지만 지난주 모임에서 깨달은 바가 많아서 말을 조심하게 되더군요. 사실 우빈이의 말을 듣는 순간 여러 가지 생각이 스쳐 지나갔지요.

'우빈아, 왜 진희를 끌어들이니? 내가 맨날 진희와 비교해서 너를 바라보는 것 같니?'

하지만 이런 생각들을 누르고 이렇게 말했어요.

"우빈아, 정말 기쁘구나. 중간고사 성적이 잘 나왔다니!"

그런 다음 우빈이가 지금 무슨 과목을 제일 좋아하고 있으며, 방학 때는 어떤 과목을 집중적으로 공부할지에 관해 이야기를 나눴어요. 물론 진희에 대해서는 한마디도 입에 담지 않았답니다.

나도 오빠처럼 칭찬받을래요

"주민아, 하은아! 이제 잘 시간이다. 양치하고 잠옷으로 갈아입어야지!"

주민이는 일어나서 욕실로 향했어요. 하지만 하은이는 투정을 부리는 거예요.

"난 싫어. 지금 잠자기 싫다고!"

"잠잘 시간이야."

저는 당장이라도 '오빠처럼 좀 알아서 해봐! 정말 혼나고 싶어?' 이런 식으로 따끔하게 혼내 주고 싶었어요.

하지만 화를 가라앉힌 뒤 주민이 방으로 갔지요. 그랬더니 하은이가 저를 따라오더군요. 저는 잠자리에 들려는 주민이에게 말했어요.

"주민아, 벌써 잘 준비를 마쳤구나. 엄마 말이 끝나자마자 이렇게 이도 닦고 잠옷으로 갈아입으니 엄마 마음이 편하구나."

이때 하은이 이야기는 하나도 하지 않았어요. 그런데 그 광경을 직접 눈으로 본 하은이가 말없이 욕실로 가더니 양치질을 하고 잘 준비를 하는 거예요. 그때 주민이가 이렇게 말했지요.

"엄마, 내일 아침에 입을 옷도 다 챙겨놨어요. 엄마를 힘들게 하는 건 싫거든요."

"고마워, 주민아."

그러고는 하은이를 바라보며 말했어요.

"하은이도 벌써 잘 준비를 다 마쳤구나."

나도 형보다 잘하는 게 있다고요

지난 일요일이에요. 열세 살인 성규가 온 식구를 깜짝 놀라게 하는 일이 벌어졌지요. 성규는 늘 형과 비교하면서 자기는 형보다 못하다고 불만이 많았어요.

그런데 성규가 고장 난 의자를 말끔하게 고쳐놓았지 뭐예요. 얼마 전에 원목으로 된 식탁 의자 하나가 고장 났거든요. 우리 식구는 새로 하나 사야겠다고 생각하고 있었고요.

평소에 호기심 많고 만들기를 좋아하는 성규가 친구네서 연장들을 빌려와 부러진 다리를 말끔히 고쳐놓은 거예요. 우리 모두 생각지도 못한 일을 성규가 해낸 거지요. 성규가 늘 부러워하기만 했던 형도 그런 생각을 못했는데 말이에요.

예전 같으면 호들갑스럽게 '어쩌면 형도 생각 못한 걸 우리 성규가 생각해 냈을까.'라는 식으로 칭찬했을 텐데, 있는 그대로 표현해야 한다는 걸 떠올렸지요.

"엄마 아빠가 의자를 새로 사야겠다고 마음먹은 걸 알았나 보구나. 이렇게 멋지게 고쳐놓을 줄은 몰랐는걸."

성규가 가슴을 쫙 펴더니 이렇게 말하더군요.

"저도 알고 보면 꽤 쓸 만한 녀석이라고요."

편애하는 아이가 있다는 사실만으로도 부모는 죄책감을 갖기 마련이다.
그럴 때는 모든 아이들을 열정적으로 똑같이 대할 수는 없다는 사실을 인정하자.
그리고 정이 덜 가는 아이를 주의 깊게 살펴보자. 그러면 그 아이만의
특별함을 발견하게 될 것이다. 그 점을 발견해서 사랑해 주면 된다.
아이의 개성에 따라 그에 맞는 사랑을 보여주고 보살펴주면
아이는 자신이 가장 사랑받는 사람이라고 생각할 것이다.

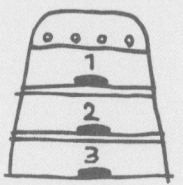

PART 4
아이들 하나하나를 모두 특별하게 대하는 기술

부모가 아이들을 똑같이 대해도
아이는 비교당한다고 느낀다

 좋은 부모가 되는 일은 말처럼 쉽지 않다. 특히 형제자매 관계에 있어서 두 아이를 비교했을 때 한 아이가 받는 상처는 말할 것도 없거니와, 어떤 때는 두 아이를 똑같이 대해 줬는데도 한쪽 아이가 화를 내거나 울음을 터뜨릴 때가 있다.

 준이와 훈이 엄마는 도서관에서 책을 빌려와 아이들에게 재미있게 읽어주고 있었다. 아이들이 염소를 만나 노래하는 이야기였다. 그 이야기를 다 들은 훈이가 갑자기 울음을 터뜨리며 말했다.

 "엄마, 왜 주인공 이름이 준이예요? 왜 훈이는 없어요?"

 훈이는 자기 이름이 나오지 않고 형 이름만 나오자 섭섭했던 것이다. 그래서 엄마가 나중에 훈이라는 주인공이 나오는 책을 찾아서 읽어주겠다고 했지만, 훈이는 쉽게 울음을 그치지 않았다. 이제는 책도 함부로 읽어줄 수 없다는 사실에 한숨만 나왔다.

똑같이 사랑받는다는 건 사랑을 덜 받는다고 느끼게 한다

성은이와 주은이는 자매다. 성은이는 주은이가 보기에도 예쁜 얼굴을 가졌다. 눈도 동그랗고 윤기 있게 빛나는 머리카락은 늘 어깨 아래에서 치렁치렁거렸다. 아빠는 항상 성은이를 볼 때마다 "정말 공주님처럼 예쁘구나."라고 말하며 자랑스러워했다. 그럴 때마다 주은이는 못마땅해했다.

어느 날 밤 주은이는 자고 있는 언니의 머리를 싹둑 잘라버렸다. 많이 자른 것은 아니었지만 엄마 아빠는 주은이의 행동에 깜짝 놀랄 수밖에 없었다. 성은이는 삐뚤빼뚤한 자신의 머리카락을 보며 엉엉 울었다. 그럼에도 불구하고 주은이는 자신이 잘못했다는 것을 인정하지 않았다. 그제야 언니와 자기가 공평해졌다고 생각했기 때문이다.

그 반대의 경우도 있다. 유미와 유진이 자매는 동생 유진이가 예쁘고 머리도 길었다. 엄마는 언니가 동생을 부러워하지 않도록 똑같이 해주기로 마음먹었다. 유미의 머리가 단발이니까 유진이의 머리도 짧아야 한다고 생각해서 긴 머리카락을 싹둑 잘라준 것이다. 유진이는 자기 머리가 깃털 뜯긴 닭 같다며 하루 종일 울었다. 시간이 흐른 뒤에도 유진이는 그 일이 상처로 남았다.

부모는 아이들을 공평하게 대해야 한다는 강박적인 생각에 가끔씩 터무니없는 실수를 하기도 한다. 첫 아이를 모유 수유하고 싶었지만 의사의 반대로 할 수 없었던 한 엄마가 몇 년 후 둘째를 낳게 되었다. 몸이 모유 수유를 할 수 있는 상황이었지만, 아이들에게 공평해야 한다는 생각에서 우유를 먹였는데, 한참이 지나서야 그럴 필요가 없었다는 것을 깨달았다. 그것은 아이들을 공평하게 대해야 한다는 것과 의미가 다르기 때문이다. 상황이 안 되어 어쩔 수 없을 때는 모유 수유를 할 수 없었지만, 가능한 상황에서는 아이의 건강을 위해 모유 수유를 하는 것이 당연하다.

가끔 아이들을 공평하게 대해 주려다 부모가 지쳐 나가떨어지기도 하는데, 다음과 같은 경우가 그랬다.

식당을 운영했을 때 대형 냉장고가 있었어요. 그 냉장고는 가끔 성에를 제거해 주어야 했지요. 어느 더운 여름날, 아이들은 제가 뜨거운 물로 성에 제거하는 걸 지켜보았어요. 뜨거운 물을 끼얹자 얼음이 우두둑 녹아내렸지요. 저는 얼음 조각 하나를 '얼음이다, 받아랏!' 하며 막내에게 던졌어요. 그러자 위의 두 아이들도 달라고 아우성이었어요. 그래서 큰 얼음덩이 두 개를 던졌지요. 그랬더니 이번에는 막내가 자기 게 작다며 불평을 하는 거예요.

저는 긁어낸 얼음덩이를 막내 앞에 던져 주었어요. 이번에는 위의 두 아이들도 자기 게 더 작다면서 소리를 지르는 거예요. 또다시 얼음덩이를 아이들에게 던져 주었지요. 그래도 아이들은 불평을 터뜨렸고 저는 계속 얼음덩이를 던져 주어야만 했어요. 순간 끝도 없는 아이들의 불평불만에 지치고 화가 났어요. 모든 아이들을 완전히 만족시키기가 얼마나 힘든지 그때 깨달았지요.

    아이들은 매번 부모에게 공평하게 대해 달라고 말하지만, 절대로 똑같이 해주기를 바라는 것이 아니다. 예를 들어, 갓 결혼한 신혼부부가 있는데 아내가 남편한테 이렇게 물었다고 가정해 보자. "당신은 당신 어머니와 나 두 사람 중에 누구를 더 사랑해?" 이때 남편이 둘 다 사랑한다고 말한다면 그게 현명한 대답일까? 아마 아내는 남편의 대답에 단단히 토라지게 될 것이다.

    현명한 남편이라면 이렇게 말할 것이다. "어머니는 나를 낳아주신 분이고, 당신은 내가 평생토록 함께하고 싶은 사람이야."

    이처럼 똑같이 사랑을 받는다는 건 뭔가 사랑을 덜 받는 것처럼 느껴지기도 한다. 대신 특별한 존재로 여겨진다는 건 충분한 사랑을 받는 것처럼 느껴진다.

    다음 만화를 통해 아이들에게 공평하게 나눠주는 것과 필요한 것을 적절하게 주는 것이 어떻게 다른지 알 수 있을 것이다.

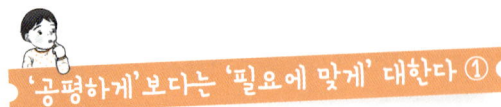

'공평하게'보다는 '필요에 맞게' 대한다 ①

CARTOON 1 아이에게 똑같은 양을 고집하는 예

CARTOON 2 아이에게 '필요에 맞게' 대하는 바람직한 예

'공평하게'보다는 '필요에 맞게' 대한다 ②

CARTOON 1 아이에게 똑같이 사랑한다고 설득시키는 예

CARTOON 2 아이 각자에게 특별한 사랑을 보여주는 바람직한 예

'공평하게'보다는 '필요에 맞게' 대한다 ③

CARTOON 1

아이 각자에게 똑같은 시간을 내주는 예

'공평하게'보다는 '필요에 맞게' 대한다 ④

CARTOON 2

아이에 따라 필요한 시간이 다르다는 것을 아는 바람직한 예

만화에서의 상황과 같은 일은 일상에서도 얼마든지 일어날 수 있다. 예를 들어 아이가 과일을 더 달라고 하는데 마침 과일이 떨어진 경우에는 어떻게 해야 할까? 그럴 때는 냉장고에 크게 써서 붙여놓는 방법도 있다.

'상준이를 위해 과일을 꼭 사다 놓을 것!'

그리고 실제로도 과일을 사다 놓아야 한다.

아이들이 언니나 오빠 것이 더 크고 많다고, 불공평하다며 징징거릴 때는 부모도 무심코 보아 넘기기가 쉽지 않다. 기분이 좋을 때는 그냥 넘기기도 하지만, 밥하느라 힘들거나 집안일을 하고 있을 때는 곱게 봐줄 수가 없다.

그럴 때는 엄마도 폭발해서 "제발 그만 좀 해!" 하는 소리가 절로 나올 것이다. 하지만 그 전에 미리 "부족하다 싶으면 더 달라고 말하렴." 하고 말하면 아이의 불평불만을 잠재울 수 있다.

간혹 아이들을 공평하게 대하지 않으면 불안한 모습을 보이는 부모도 있다. 둘째아이의 잠옷이 작아져서 사왔는데 그 모습을 보고 시무룩해진 큰아이의 표정을 보며 엄마가 안절부절 마음이 불편해지는 것이다.

아무리 타당한 말이라도 아이들에게 먹히지 않을 때가 있다. 부모가 자기 감정을 알아주기를 바랄 때가 그렇다.

"동생 잠옷만 사와서 화가 났구나. 동생 잠옷이 작아져서 새것이 필요했거든. 네 것을 안 사와서 좀 섭섭했지?"

이렇게 아이의 마음에 공감해서 말해 준다면 아이는 엄마가 자신의 감정을 알아줬으므로 마음에 상처가 남지 않는다.

아이만의 특별함을 찾아 칭찬하면 자존감이 높아진다

아이들을 공평하게 대해 주어야 하지만, 모든 경우에 그런 것은 아니다. 똑같이 대할 수 없다는 판단에서 그렇게 대했다면 그것도 틀린 것은 아니다. 아이는 불공평하다고 느낄 수도 있고, 그런 감정을 느껴 볼 필요도 있다. 그를 통해 불공평한 세상을 살아갈 때 어떻게 받아들여야 하는지도 배울 수 있기 때문이다.

부모들이 많이 쓰는 표현 중에 "열 손가락 깨물어서 안 아픈 손가락 없다."는 말이 있다. 그런데 사실 더 아픈 손가락은 있게 마련이다.

예를 들어 큰아이는 정상인데 작은아이는 학습 장애아일 경우, 부모는 큰아이보다는 작은아이에게 더 많이 신경 쓰게 된다. 당연히 큰아이를 보는 시간보다 작은아이를 보는 시간도 더 늘어난다. 그러면 큰아이는 '아, 동생이 아파서 그러는구나.'라고 생각하는 게 아니라 '우리 엄마 아빠는 나보다 동생을 더 예뻐하는구나.'라고 생각한다.

그럴 때는 하루 15분씩이라도 큰아이와 단둘이 있는 시간을 마련해야 한다. 집안일이나 전화 등으로 방해받지 않는 오로지 둘만이 함께 있는 시간 말이다. 어느 한 아이만 더 많이 사랑하지 않는다 해도 아이가 그렇게 느낀다면 부모는 그러한 감정을 풀어줄 수 있는 시간과 노력을 들여야 한다.

부모가 편애의 감정을 드러내는 순간, 아이들은 카인과 아벨이 된다

사실 많은 부모들이 아이들을 똑같이 대하는 데 어려움을 겪는다. 첫째보다는 막내에게 더 정이 가고, 무뚝뚝한 아들보다는 애교 넘치는 딸아이를 더 사랑스런 눈으로 쳐다보게 된다. 그런 태도가 은연중에 아이들 눈에 비친다는 것을 의식하지 못한 채 말이다.

우리 모두는 부족한 인간이므로 유독 편애의 감정을 느낄 수가 있다. 그렇지만 그걸 표현하는 순간 카인과 아벨처럼 극단적인 결과가 생길 수도 있다. 야곱의 편애로 색깔옷을 입게 된 요셉 또한 그 형제들의 질투로 구덩이에 빠지지 않았는가. 편애를 당한 형제들이 폭력적인 감정을 느끼는 건 동서고금을 막론하고 마찬가지다.

"남편과 나는 딸아이를 무척 자랑스럽게 생각해요. 그래서인지 아들인 상현이가 종종 힘들어하는 모습을 보이기도 해요. 한번은 상현이가 이런 말을 하더군요. '누나가 무슨 말만 했다 하면 엄마 아빠는 왜 서로 마주봐요?' 우리 부부는 그 말이 무슨 뜻인지 몰랐어요. 그런데 나중에 생각해 보니 우리 부부가 그때마다 '승연이 정말 대단하지?'라고 무언의 눈빛을 나누었던 거예요. 상현이가 그런 말을 하고 난 뒤로는 조심하고 있어요."

어떤 부모는 딸아이보다는 아들을 더 챙기기도 한다. 아들과 딸이 같이 있는데도 늘 "준성아, 저것 좀 봐. 준성아, 뭐 먹을래? 준성아, 이건 어떠니?"라고 말하는 식이다. 부부는 의식하지 못하겠지만, 딸아이는 부모가 항상 동생 준성이만 챙긴다고 느끼게 된다. 그럴 때는 "애들아, 이것 좀 봐. 애들아, 뭐 먹을래? 애들아, 이건 어떠니?"라고 물어보는 게 바람직하다.

부모가 한 아이만 유독 예쁘고 사랑스럽다 해도 그 감정을 아이들 앞에서 내비치지 않도록 조심해야 한다. 그러기 위해서는 부모가 자신에게 솔직해져야 한다. 자신의 감정을 제대로 알면 상대적으로 덜 예뻐하는 아이의 입장이 되어 볼 수 있기 때문이다. 더 예쁨을 받는 아이도 형제의 적개심과 질투, 부모의 사랑을 지켜야 한다는 압박감에서 자유로울 수 있다.

　편애하는 아이가 있다는 사실만으로도 부모는 죄책감을 갖기 마련이다. 그럴 때는 아이들을 열정적으로 똑같이 대할 수 없다는 사실을 인정하자. 그리고 정이 덜 가는 아이를 주의 깊게 살펴보자. 그러면 그 아이만의 특별함을 발견하게 될 것이다. 그 점을 발견해서 사랑해 주면 된다. 아이의 개성에 따라 그에 맞는 사랑을 보여주고 보살펴주면 아이는 자신이 가장 사랑받는 사람이라고 생각할 것이다. 또한 자신을 믿고 사랑하며 존중할 줄 아는 자존감 있는 아이로 성장할 것이다.

부모코칭 5
아이들은 부모가 자신을 '특별하게' 대해 주기를 원한다

1. "자, 네 거랑 언니 거랑 똑같으니 됐지?"
아이들에게는 무조건 공평하게 주는 것보다는 필요에 맞게 주는 것이 중요하다.
⇨ "어떤 걸 줄까? 뭐가 먹고 싶어?"

2. "엄마는 언니와 너를 똑같이 사랑해."
똑같이 사랑한다고 말하는 것보다는 아이들 각자 모두 특별한 존재라는 것을 인식시켜 준다.
⇨ "이 세상에서 너는 단 한 사람이야. 엄마는 그런 널 사랑해."

3. "언니랑 10분 동안 이야기했으니까 너랑도 10분 동안 이야기하면 되겠지?"
똑같은 시간을 할애하기보다는 아이가 엄마를 필요로 하는 시간을 함께 보낸다.
⇨ "지금은 언니 숙제를 도와주고 있어. 숙제가 다 끝나는 대로 같이 놀아줄게."

아이들 각자를 특별하게 사랑하는 대화 기술

아이들의 불평불만이나 질투, 형제 간의 싸움을 한마디로 표현하면 "엄마 아빠, 나를 더 사랑해 주세요. 나를 좀 봐주세요."라는 것이다. 그럴 때는 아이들 각자에게 고유하고 특별한 사랑을 주어야 한다.

조금씩 조금씩 엄마와의 거리가 좁혀져요

부모 교육 모임에 참여하면서 그동안 내가 큰아이 아라에게 얼마나 큰 상처를 주었는지 깨달았어요. 아라는 열네 살이고 동생 정우는 열한 살이에요. 아라는 이미 중학생이고 해서 저는 정우와 시간을 보낼 때가 많아요. 사실 아라는 사춘기 탓인지 감정이 들쭉날쭉해서 같이 있기가 쉽지 않아요. 즐거운 마음으로 대화를 시작했다가도 금세 싸우곤 하지요. 그런 일이 반복되다 보니 저도 모르게 아라와 함께 하는 시간을 피하게 되었던 것 같아요.

이제부터는 아라와 함께 하는 시간을 늘려야겠다고 마음먹었어요. 학원에 다녀와 늦은 시간에 텔레비전을 보고 있는 아라 옆에 앉아서 저도 같이 텔레비전을 보았어요. 아라에게 무슨 말을 건넸던 건 아니고요. 다음 날도 아라가 드라마를 볼 때 같이 앉아서 보았지요.

그랬더니 그 다음 날에는 제가 주방에 있는데 아라가 저를 부르더군요. 드라마가 시작된다고요. 우리는 드라마를 다 본 다음 드라마에 대해 오손도손 이야기를 나누었어요. 별일 아닌 것처럼 보이겠지만, 저는 아라와 그렇게 오랫동안 같은 공간에 앉아 있었던 적이 없어서 스스로 대단하게 느껴졌답니다.

동생 옷만 사왔다고 화내지 않을래요

퇴근 후 백화점에서 재은이 티셔츠를 하나 샀어요. 언니 소은이 얼굴이 살짝 떠올랐지만 지난주에 이미 합의를 본 사항이라서 재은이 것만 산 거예요.

집에 도착해서 재은이에게 티셔츠를 주면서 소은이를 살짝 봤는데 잠깐 눈살을 찌푸리기는 했지만 밖으로는 아무런 내색도 하지 않더군요. 그 모습을 본 친정엄마가 마음이 좋지 않으셨는지 소은이를 구석으로 부르더니 이렇게 말씀하셨어요.

"소은아, 넌 내일 할머니가 더 좋은 걸 사줄게. 그러니 너무 섭섭해하지 말아라. 알았지?"

친정엄마의 말을 들으니 오히려 제가 섭섭해질 지경이었어요. 그래서 재빨리 소은이에게 다가가 어깨에 다정하게 팔을 두르며 말했지요.

"소은아, 할머니는 네가 걱정되시나 보다. 하지만 엄마 아빠는 걱정 안 해. 앞으로 우리는 각자에게 필요한 것만 사기로 했으니까. 어떤 때는 재은이 것만 사기도 하고 또 어떤 때는 소은이 것만 사기도 할 거야. 어떤 날에는 두 사람 것을 같이 사기도 할 테지."

친정엄마는 무슨 말인지 몰라 어리둥절해하셨지만 소은이랑 재은이는 엄마 말을 이해하는 것 같았어요.

부모가 아이들에게 공평하게 대해 주어야 한다고 해서 입을 것, 먹을 것, 사랑 등을 똑같이 나누어야 할 필요는 없다고 봐요. 공평하게 대해 주어야 한다는 것은 불공평하게 대하는 것도 포함된다는 뜻이니까요.

야호! 내게 꼭 필요한 물건이에요

어제는 문구점에 가서 연주에게 필요한 필통을 사왔어요. 얼마 전에 필통이 부서져서 새것이 필요하다는 말을 했거든요. 동생 세호 것은 아무것도 사지 않았지요. 이런 일은 처음이었어요. 딸아이 것을 사는 날에는 당장 필요하지 않은 물건이라도 세호 것을 사야 했거든요.

제가 필통을 꺼내자 연주는 환호성을 지르며 좋아했어요. 자기가 좋아하는 캐릭터가 그려져 있다며 야단법석이었지요. 그러다 연주가 물었어요.

"엄마, 제 것만 사온 거예요? 세호 것은요?"

저는 한껏 들떠 있는 연주를 진정시킨 다음 이렇게 말했어요.

"연주야, 좀 조용히 해주겠니? 다른 사람 기분도 좀 생각해 줘야지. 네가 그렇게 야단법석을 떠니까 필통을 괜히 사왔다는 생각까지 드는구나."

세호가 옆에서 듣고 있기에 더욱 큰 소리로 말한 거예요. 사실 세호 것만 사오고 연주 것은 안 사왔을 때 세호는 더 신나게 떠들었거든요. 이제 세호도 그날 누나의 심정이 어땠는지 알게 되었을 거예요.

엄마가 시간이 날 때까지 기다릴래요

아이들에게 공평해야 한다는 강박에서 벗어나자 마음이 한결 가벼워졌어요. 잠자리에 들기 전에 큰아이 재준이가 저한테 이렇게 말했지요.

"엄마, 엄마는 불공평해요. 늘 저보다 재연이랑 오랜 시간을 보내잖아요. 얘기도 많이 하고요."

예전 같으면 저는 장황하게 설명했을 거예요.

"동생이 잠을 잘 안 자서 그래. 낮잠을 많이 자서 그런지 밤에 잠이 안 오나 봐. 내일 밤에는 너하고 더 많이 있어 줄게."

그러면 재준이는 또 불평불만을 터뜨리곤 하지요. 엄마는 매번 약속을 잘 안 지킨다면서요.

그래서 이번에는 그냥 이렇게 물었어요.

"재준아, 엄마가 약속을 잘 안 지킨다고? 너도 엄마랑 오래 있고 싶어?"

"네."

그렇게 대답하고 재준이는 바로 꿈나라로 갔어요.

어느 날에는 이런 일도 있었어요. 재준이가 감기에 걸려 열이 많이 났어요. 그래서 재준이를 안고 다독여주고 있었지요. 그러자 재연이도 엄마 품에 안기고 싶다며 징징대는 거예요. 처음에는 재준이를 내려놓고 재연이를 안아줘야 하나 고민이 되었지만 단호하게 재연이에게 말했지요.

"재연아, 오늘은 안 돼. 오늘은 오빠가 많이 아파서 엄마가 안아주는 거야."

제 말에 재준이의 눈빛이 의기양양해졌어요. 마치 자기 자신이 매우 중요한 사람이라도 된 듯한 눈빛이었지요. 그런데 저를 놀라게 한 건 재연이었어요. 글쎄 재연이가 얌전하게 30분이나 기다린 거예요. 그래서 30분 후에 재연이를 안아주었답니다.

부모가 아이들을 공평하게 대해 준다는 생각에서 벗어난다면, 아이들과 훨씬 유연하고 원만한 관계를 만들어 갈 수 있을 거예요.

형은 아직 안 자는데 왜 나만 자야 해요?

우리 집은 잠자리에 들 시간이면 어김없이 시끄러워요. 둘째아이 정현이가 형인 형준이보다 30분 일찍 잠자리에 들어야 한다는데 불만이 있기 때문이에요. 정현이는 자기가 먼저 자지 않겠다고 떼를 쓰며 노래를 부르거나 침대 위에서 구르는 등 야단법석을 떨어요. 그것도 모자라 형준이를 귀찮게 하기까지 하지요. 형준이는 짜증을 내고요.

남편과 저는 정현이를 재우려고 온갖 수단을 써봤지만 정현이는 형이랑 똑같은 시간에 잠들겠다고 고집을 부렸어요. 보다 못해 두 아이를 앉혀놓고 왜 정현이가 일찍 자야 하는지를 말했지요. 그랬더니 정현이는 막무가내로 형준이를 비난했어요.

그 다음 날 정현이랑 둘이 있을 때 다시 이야기를 꺼냈어요. 정현이는 자기만 왜 일찍 자야 하냐며 따졌어요. 그래서 제가 이렇게 말해 주었지요.

"지금 엄마는 형 이야기를 하는 게 아니라 정현이 네 얘기를 하는 거란다."

"하지만 형은 왜……."

"형 얘기를 하는 게 아니라니까. 엄마는 네가 어떻게 하면 일찍 잠자리에 들 수 있는지 알고 싶어."

그제야 정현이는 자신의 이야기를 털어놓았어요. 잠이 잘 오지 않는다고요. 그래서 어떻게 하면 잠이 빨리 올 것 같은지 물었어요. 그랬더니 잠자리에 들기 전에 운동을 하고, 엄마나 아빠가 잠들기 전에 옆에 같이 누워 주면 좋겠대요. 그래서 부탁대로 해주자 정현이는 금세 잠이 들더군요.

정현이에게 형과 별개라는 것을 심어주려고 노력했더니 아이가 결국에는 잘 받아들였어요.

사실 형준이와 정현이는 잘 싸워요. 하루는 둘이 같이 길을 건너다가 말다툼이 생겼는데 형준이가 씩씩대며 집에 와서 이르더라고요.

"엄마, 정현이한테 제 말 좀 들으라고 하세요. 아까 낮에 길을 건너는데 제가 건너오라고 해도 듣지 않는 거예요. 차가 멀리서 오고 있는데도 말이에요."

"흥, 차가 멀리서 오다니! 내가 차에 치이기라도 하면 형이 책임질 거야?"

그래서 형준이한테 이렇게 말해 주었답니다.

"형준아, 정현이가 보기에는 차가 아주 가까이 있는 것처럼 보였나 보다. 서로 생각이 다를 때는 싸우지 말고 상대의 생각을 존중해 주는 게 어떻겠니?"

내가 아빠한테 특별한 존재라고 말해 주세요

아이들과 소파에 앉아 있는데 둘째 채원이가 이렇게 말하는 거예요.

"아빠, 아빠는 언니랑 동생이랑 저 중에서 누가 제일 예뻐요?"

갑작스러운 물음에 어떻게 말해야 할지 잘 모르겠더군요. 그래서 이렇게 말했지요.

"아빠는 너희 셋이 똑같이 예뻐. 그리고 다 똑같이 사랑하고."

채원이는 제 말을 시큰둥하게 받아들이는 눈치였어요.

"그럼 아빠, 우리가 배를 타고 가다가 한꺼번에 바다에 빠졌어요. 그럼 제일 먼저 누굴 구해 줄 거예요?"

저는 여전히 저만의 방식으로 그 난제를 풀려고 했어요.

"아마 아빠와 가장 가까이 있는 사람이겠지."

"아빠랑 똑같이 가까이 있으면 그때는요?"

채원이의 다그침에 그제야 저번에 모임에서 배웠던 내용이 생각나더군요.

"그건 정말 생각만 해도 끔찍한 일이구나. 아빠는 너희들 하나하나를 너무나 사랑하거든. 우리 채원이한테 무슨 일이 생기면 아빠는 살 수 없을 거야. 이 세상에 너라는 존재는 딱 하나뿐이니까."

그제야 채원이의 표정이 풀어졌어요. 그리고 언니, 동생에 관해서는 묻지 않더군요. 아빠가 자기를 얼마나 사랑하는지 알려줘서 그런 것 같아요. 아이들은 늘 자기만을 사랑해 달라고 말하지요. 그럴 때는 아이들 각자가 얼마나 소중한 존재인지 말해 주면 된답니다.

형제자매 사이에서 한 사람의 역할이 정해지면 다른 사람의 역할도
저절로 정해진다. 실제로 자신의 역할이 좋든 나쁘든 충실하려고 노력하기 때문이다.
역할이 다르면 서로 적개심이 생기기도 한다.
형이 똑똑한 경우라면 동생은 상대적으로 덜 똑똑한 사람처럼 느껴지게 되고,
언니가 성질이 까다로우면 그게 싫어서 동생은 뭐든 받아들이는
너그러운 아이가 되어야만 한다는 의무감에 빠져드는데,
그러면서 서로에 대한 반감이 생긴다.

형제 간의 싸움을 부추기는 부모의 치명적인 실수

부모의 역할 규정은
아이의 성격과 장래에 영향을 미친다

세상 모든 부모들이 자식들을 위해서라면 물불 가리지 않는 법이지만, 가끔은 하지 말아야 할 행동을 하고는 한다. 이를테면 아이들 앞에서 다른 사람에게 아이의 성향이나 성격에 대해 아무렇지도 않게 말하는 것이다.

강아지를 산책시키다가 우연히 아이 친구의 엄마를 만났는데, 강아지를 보자 그 집 아이들이 뛰어왔다. 네 살짜리 쌍둥이 남자아이들인데, 한 아이는 강아지에게 겁 없이 다가가 만지려고 했고, 한 아이는 가까이 다가가지 못하고 주춤주춤했다. 그 모습을 본 그 집 엄마가 한숨부터 쉬며 이렇게 말했다.

"저것 보세요, 작은아이는 강아지를 저렇게 좋아하고 겁이 없는 반면, 큰아이는 겁이 많아서 강아지 곁에 가지도 못하잖아요."

 엄마는 아이 앞에서 아이의 성향에 대해 부정적으로 말하고 있었다. 이런 일은 아주 흔하게 우리 주변에서 일어나고 있다. 아이들이 듣는 데서 어떻게 그런 말을 할 수 있을까? 아이들이 듣고 있다는 생각은 전혀 안 하는 걸까? 많은 부모들이 이런 행동으로 인해 아이의 성격과 장래에까지 영향을 미칠 수 있다는 생각을 전혀 하지 못하고 있다.

'착한 아이' 역할도 '못된 아이' 역할도 부모 때문에 생긴다

 부모가 아이들의 역할을 정해 버린다면 형제 간의 다툼이 일어나기도 쉽다. 나 또한 이런 일에 자유롭지 못하다. 얼마 전의 일이다. 큰아들한테 전화가 걸려왔는데, 목소리가 측은할 정도로 갈라져 있었다.

 "엄마, 잠깐 시간이 나서 전화했어요. 이번 주 내내 과제 때문에 바빴거든요. 모두 잘 지내시죠?"

 "물론이지. 네가 보고 싶은 것만 빼고는 다 괜찮단다. 특히 초코가 너를 찾는구나. 네 방문 앞에서 늘 킁킁거려."

 "동생이랑 제가 없어서 그런가 봐요."

 "아냐, 초코는 너를 더 보고 싶어 하는 것 같아."

 "왜요? 아침마다 초코 밥을 챙긴 건 동생인데요."

"너는 목욕도 시켜주고 발톱도 깎아주고 초코에게 산책도 시켜주었잖니."

그런데 큰아이의 목소리가 어딘지 좀 불편해 보였다.

"음…… 저는 잘 모르겠어요. 이만 끊을게요. 읽어야 할 책도 많고 보고서 써야 할 것도 많아서요. 아버지께 잘 지내시라고 안부 전해 주세요."

큰애가 전화를 끊고 나서 나는 순간 내가 지금 무슨 말을 했는지 믿을 수가 없었다. 나는 무슨 이유로 작은애보다 큰애가 더 낫다는 식의 말을 했을까? 왜 갑자기 큰애를 책임감 있는 사람으로 만들려고 한 거지? 비좁은 기숙사에서 힘들게 공부하는 게 안돼 보여서? 그 애를 인정해 주기 위해 동생과 비교하면서까지 위로하고 싶었던 걸까?

이렇듯 부모가 형제에게 역할을 부여할 때는 동기 이면에 의도한 무엇인가가 존재하고 있다. 그런 식으로 부여받은 역할은 아이 자신뿐만 아니라 다른 형제들에게도 영향을 미친다. 그래서 다른 형제를 깎아내리면서까지 한 아이를 추켜세우는 상황이 벌어지기도 한다.

부모가 그러는 데는 많은 이유가 있다. 부모 자신이 싫어하는 성향과 완전히 반대의 기질을 아이가 갖고 있을 때 부모는 그 아이가 자랑스럽게 느껴질 수도 있다. 반면 부모 자신의 성향을 아이가 그대로 갖고 있을 때는 그것을 놀림감으로 여기기도 한다. 예를 들어 아빠가 스스로를 게으르다고 생각하는데, 아이도 그런 성향이 있으면 '게으름뱅이'라고 놀리는 식이다.

어떤 경우는 아이의 특성을 알아냈다는 걸 즐기는 경우도 있어서, '거북이 준이', '시계바늘 예린이'라고 부르기도 한다. 또 아이가 자신을 특별하게 여기도록 부르기도 하는데, '우리집 가수', '천재 화가', '꼬마 과학자'라고 부르는 경우가 그렇다.

부모가 아이들에게 역할을 부여하기도 하지만, 아이 스스로도 자신에게 역할을 부여한다. 남들로부터 인정받고 싶거나 사랑받고 싶을 때 '착한 아이' 역할을 기꺼이 떠맡는 경우가 그렇다. 반면 사람들의 시선을 받고 싶은 아이는 설사 부정적인 역할이라 해도 '못된 아이' 역할을 도맡는다. 아이들은 자신이 어떤 역할을 하면 반드시 대가가 따른다는 것을 알고 있다. 그래서 '조폭 역할'을 맡은 아이는 서슴지 않고 다른 사람을 괴롭히기도 한다. 반면 '공주 역할'을 맡은 아이는 사람들이 자신을 떠받들어야 한다고 생각한다.

아이의 역할을 하나로 규정하면
가능성과 잠재력은 사라진다

아이들은 부모하고는 전혀 상관없이 자신들의 역할을 정하기도 한다. 어떤 부모는 이런 말을 했다.

"우리 집 큰아이는 비쩍 말랐어요. 그에 비해 작은아이는 덩치가 크고요. 그래서 작은아이가 큰아이를 항상 '약골'이라고 부르지요. 큰아이는 몸이 약하다는 걸 인정해서 무거운 건 아예 들 생각도 안 하고 늘 위축되어 있어요. 또 자기가 힘이 센지 약한지 생각하려고조차 하지 않아요. 이렇게 가다가는 자기가 정말 약한 줄 알고 평생 기도 못 펴고 살 것 같아요."

긍정적인 역할을 부여받은 아이는 그 역할이 인생에 전반적으로 좋은 영향을 미친다. 이를테면 머리가 좋다고 늘 칭찬받은 아이는 그 말에 고무되어 열심히 공부하고 좋은 학교에 입학하고, 더 나아가 원하는 삶을 꾸려나가게 될 가능성이 크다. 머리가 좋다고 말해준 것이 아이 인생에 긍정적으로 작용하는 것이다.

그렇다고 무턱대고 안심할 수는 없다. 머리가 좋다고 칭찬받는 순간 그 옆에 다른 형제가 있었다면 그 아이는 자동적으로 머리가 나쁜, 즉 똑똑하지 않은 아이로 전락해 버리기 때문이다. 어쩌면 그 아이는 칭찬을 받는 아이에게 적개심마저 느낄 수도 있다.

"우리 오빠는 매우 잘생겼어요. 그래서 오빠를 보는 사람들마다 '어쩌면 이렇게 잘생겼니. 꼭 영화배우 같구나.'라고 말했어요. 그러고는 저를 보며 '어머, 넌 동생이니? 참 귀엽게 생겼다.'라고 말했지요. 그런 말을 들을 때는 별다른 감정을 느끼지 못했는데, 몇 년 동안 오빠 얼굴을 커다란 집게로 꽉 집는 꿈을 여러 번이나 꾸었다니까요."

물론 그 반대의 상황에 처한 경우도 있다.

"저는 집안에서 늘 '책임감 있고 믿음직하다.'는 말을 들으며 자랐어요. 그런 말을 들을수록 부모님의 기대에 어긋나지 않기 위해 피나는 노력을 했지요. 그랬더니 제 동생들은 저 없이는 아무런 결정도 내리지 못해요. 지금도 집안의 모든 책임을 제가 혼자 도맡아 지고 있어요."

이렇듯 형제자매 사이에서 한 사람의 역할이 정해지면 다른 사람의 역할도 저절로 정해진다. 실제로 자신의 역할이 좋든 나쁘든 충실하려고 노력하기 때문이다. 만약 언니가 지저분하고 동생은 깔끔한 성격이라면 언니는 지저분한 데다 말썽꾸러기로 자라고, 동생은 깔끔한 데다 반듯한 사람으로 자라는 경우가 많다. 마찬가지로 말괄량이라는 말을 계속 들으면 정말 말괄량이처럼 행동하게 된다.

더불어 역할이 다르면 서로 적개심이 생기기도 한다. 형이 똑똑한 경우라면 동생은 상대적으로 덜 똑똑한 사람처럼 느껴지게 되고, 언니가 성질이 까다로우면 그게 싫어서 동생은 뭐든 받아들이는 너그러운 아이가 되어야만 한다는 의무감에 빠져드는데, 그러면서 서로에 대한 반감이 생긴다.

인생을 잘 살아가려면 한 가지 역할만 해서는 안 된다

형제들은 서로의 역할을 비교하면서 자신의 역할을 굳히거나 형제의 역할을 정하기도 한다.

"제 동생은 인기가 많았어요. 사람들의 시선을 끌어모으는 재주가 있었죠. 또 형은 또래 친구들보다 리더십이 많았어요. 저는 그렇지 못했죠."

이런저런 자신의 어렸을 적 이야기를 한 사람들의 말끝에는 '지금까지도'라는 말이 붙는다.

"지금까지도 우리 사이에는 뭔가 앙금이 남은 듯 껄끄러운 데가 있어요."

"지금까지도 우리는 속 깊은 대화를 하지 않아요."

"지금까지도 제가 책임감 있게 행동하지 않으면…… 혹시라도 깔끔을 떨면…… 조용히 있지 않으면…… 뭔가 잘못되었다는 느낌을 갖게 돼요."

가정이란 아이들이 세상에 적응해 나가며 살 수 있도록 준비하는 곳이다. 인생을 잘 살아가려면 결코 한 가지 역할만 해서는 안 된다. 다른 사람을 배려할 줄도 알고 또 배려받을 줄도 알아야 한다. 리더십이 있어서 지도자가 될 수도 있지만, 지도자를 잘 따르는 사람이 될 수도 있다. 지저분하게 사는 사람이 있는 반면, 지나치게 깨끗하게 사는 사람도 있다. 누군가는 부산스럽지만, 또 다른 누군가는 조용하다.

세상에는 이렇게 다양한 사람들과의 관계가 존재하는데, 아이를 한 가지 역할로 규정지어버리면 어떻게 세상을 잘 헤쳐 나갈 수 있겠는가. 그러므로 부모는 은연중에 아이를 어떠한 역할로 규정짓지 않도록 신경써야 한다. 누구나 한 가지 역할이 아닌 자신의 잠재력을 마음껏 발휘할 수 있는 기회를 주어야 하는 것이다. 비록 아이 자신이 생각지 못한 잠

재력이라 해도 말이다.

그런데 많은 부모들이 저지르는 실수 중에 하나가 아이의 재능을 단정지어 버리는 것이다. 큰아이는 음악에 재능이 있지만 작은아이는 음악에 재능이 없어서 운동을 시키는 것처럼 말이다. 나 역시 그런 경험이 있다.

어릴 때 우리 부모님은 그랜드 피아노를 집 안에 들여놓으셨다. 그래서 큰언니가 피아노 레슨을 받게 되었다. 그 모습을 보면서 나도 피아노를 배우고 싶다는 생각이 들었다.

드디어 피아노를 배우게 되었지만 나는 음악적 재능이 없었는지 피아노 선생님께 칭찬을 받아본 적이 없다. 선생님은 "너처럼 피아노 못 치는 아이는 처음 본다."라는 말까지 하셨다. 1년 정도 고통의 시간이 흐르자 그나마 간단한 곡 몇 개를 칠 정도는 되었다. 그나마라도 칠 수 있게 된 것이 진심으로 기쁘기만 했다.

하지만 얼마 안 가 부모님은 내게 피아노를 계속 시킬 것인지 아니면 더 이상은 시간 낭비인지 고민하셨다. 결국 나는 더 이상 피아노를 배울 수 없게 되었다. 우리 집에서 피아니스트는 언니였고 나에게는 언니만한 재능이 없었다.

그 이후로는 언니가 피아노 치는 소리를 듣는 게 고역이었다. 혼자서라도 교본을 가지고 연습하려고 했지만 잘 되지 않았고, 결국 나는 피아노를 포기했다.

한 아이의 재능이 특별하면 다른 아이는 기회를 잃는다

다른 형제의 재능이 특별하다는 이유로 마땅히 아이가 누려야 할 기회를 잃어버리는 경우는 우리 주위에 흔히 있는 일이다.

"우리 어머니는 제가 아홉 살이 되자 피아노를 가르쳐주셨어요. 동생은 제가 배우는 걸 옆에서 지켜보다가 제 수업이 끝나면 흉내 내서 치곤 했지요. 그런데 어느 날이었어요. 제가 한 달 동안이나 줄기차게 연습했던 곡을 동생이 쉽게 치는 거예요. 저는 그 뒤로 피아노 앞에 앉지 않았어요."

다른 형제자매의 능력이 출중해서 자신의 능력을 포기하려는 아이가 있다면 용기를 북돋워 주는 것이 필요하다.

"동생이 얼마나 잘 치든 너하고는 상관없어. 무언가를 배울 때는 느리게 배울 수도 있고 빨리 배울 수도 있는 거야. 그게 그렇게 중요한 건 아니야. 네가 얼마나 즐기면서 배우느냐 하는 것이 가장 중요하지."

이렇게 이야기해 주어야 다른 형제자매보다 못한 아이도 자신감을 잃지 않고 계속해서 배울 수가 있다. 다른 형제나 자매가 자기보다 잘한다는 것을 받아들이기란 생각보다 자존심이 몹시 상하는 일이기 때문이다.

한 아이가 어느 특정한 분야에 재능을 갖고 태어나는 것은 부모에게 매우 기쁘고 행복한 일이다. 그 재능을 키워주는 것이 부모로서는 마땅하지만 그로 인해 다른 형제자매가 상처를 받거나 배울 기회마저 빼앗기면 안 된다. "이 아이는 우리 집의 모차르트예요.", "저 아이는 우리 집의 피카소지요."라는 식으로 말해서는 더 안 되는 것이다.

"언니는 음악을 잘하고 동생은 미술을 잘해요."라는 말도 함부로 하지 말아야 한다. 어느 아이든 한 가지 재능만 부각시켜서는 안 된다. 춤을 추는 즐거움이든, 노래하는 즐거움이든, 그림을 그리는 즐거움이든 그것은 재능 있는 아이만이 누려야 하는 게 아니다. 모두 다 그런 즐거움을 누릴 권리가 있다.

태어난 순서에 따라 대하는 것도 아이에게 상처를 준다

아이들의 역할을 정하지 않는다는 건 생각만큼 쉽지 않다. 다른 사람에게 아이들을 소개할 때 우리는 보통 이렇게 말한다. "애는 큰아이고요, 애는 둘째아이, 저 아이가 막내예요."

그런데 곰곰이 생각해 보면 이런 말 자체도 아이에게 역할을 규정시킨다는 것을 알 수 있다. 큰아이는 맏이답게 행동하라고 강요하고, 둘째아이는 중간이라고 큰아이나 막내만큼 신경을 쓰지 못하며, 막내아이는 막내라는 이유로 버릇없는 행동도 눈감아주게 마련이다. 아이들을 태어난 순서에 따라 대하는 것이 아이에게 어떤 영향을 끼치는지 알지 못한 채 말이다.

"준서야, 제발 형답게 행동하렴.", "가연아, 동생이 둘이나 되는

데 언니로서 부끄럽지 않니? 언니면 언니답게 행동해야지." 큰아이에게 이런 말들을 많이 하는데, 돌이켜보면 큰아이 역시 아직 어린아이임에도 불구하고, 첫째라는 이유만으로 부모에게 이런 말을 들어야 한다.

잘못한 아이에게는 나쁜 관심조차 보이지 않는다

종종 부모는 아이와 자신의 모습을 동일시해서 아이들을 대하기도 한다.

"맏딸인 저는 남동생이 귀찮게 하는 게 싫었어요. 그런데 우리 아들이 제 누나를 괴롭히는 거예요. 그럴 때마다 저는 이성을 잃고 아들을 마구 야단치곤 해요. 저도 모르게 딸과 저를 동일시하는 거죠."

옆에 있던 엄마도 한마디 거들었다.

"제 남편도 그래요. 남편은 아들과 자신을 동일시해서 별것 아닌 것 갖고도 딸을 마구 나무라요. 남편의 머릿속에는 딸은 가해자고 아들은 피해자로 각인되어 있는 것 같아요."

똑같은 자식이라 해도 어떤 아이는 정말 얌전하고 어떤 아이는 심술궂다.

"제 두 딸 중 심술을 부리는 쪽은 언제나 다섯 살 난 동생이에요. 언니 것이라면 무조건 뺏고 보자는 식이죠. 자기 마음대로 되지 않으면 할퀴고 깨물고 난리를 부려요. 그런데도 큰애는 가만히 당하고만 있어요. 어떻게 해야 할지 모르겠어요."

 작은아이를 혼내 봤자 얼마 지나지 않아 똑같은 행동을 한다며, 그러다 두 아이의 역할이 굳어질까 봐 걱정된다는 것이다.

 그런 상황에서 아이를 혼낼 때 주의할 점이 있다. 잘못된 행동을 한 아이에게 주의를 기울여서는 안 된다는 것이다. 다른 아이의 행동으로 인해 피해를 입은 아이에게 집중하고 아이의 상처를 어루만져주는 데 신경을 써야 한다. 잘못된 행동을 한 아이를 혼내는 데 집중하게 되면 그 아이는 잘못된 행동을 계속 반복할 수 있다.

 잘못된 행동을 한 아이를 혼낼 때 아이는 '와, 대단한걸! 엄마가 나만 상대하네.'라는 느낌을 가질 수 있다. 그런데 엄마가 피해를 입은 아이에게 집중할 경우 '어? 엄마가 언니한테만 신경쓰네. 나는 상대도 안 해주네. 다음에는 하지 말아야겠는걸.' 하는 생각에 잘못을 고친다.

때린 아이에게 주의를 기울일 때

다친 아이에게 주의를 기울일 때

피해자인 아이는 더 강해지도록 격려한다

형제 중에는 자기는 하지 않고 다른 형제가 하도록 부추기는 경우도 있다.

"저는 늘 먼저 언니를 약 올렸어요. 언니는 화가 나서 저를 때렸지요. 그러면 언니는 엄마한테 많이 혼났어요. 성질이 못됐다고요. 엄마가 속은 거예요."

그래서 부모가 아이들에게 역할을 부여해서는 더더욱 안 된다. 만약 부모가 선입견을 갖고 있다면 아이들이 싸우는 장면을 목격했다 해도 잘못된 판단을 내리기 쉽다.

아이들마다 성격과 기질이 다 다르다. 어떤 형제자매는 태어날 때부터 극과 극의 성격을 보이기도 한다. 부모가 아이의 성격이 어떻다고 미리 선입견을 갖게 되면 아이들을 훈육할 때 실수를 범할 가능성이 크다. 나 역시 우리 아이들에게 그런 실수를 했고, 실수를 깨달은 후부터 선입견을 버렸더니 아이들도 달라졌다.

큰아들은 태어날 때부터 좀 거칠었고, 작은아들은 순했어요. 아이들의 성향이 그렇다고 판단된 후에는 제 판단이 옳다는 증거를 아이들의 행동 속에서 찾아내려 했어요. 그런 제 생각이 옳다는 것을 증명이라도 하듯 갈수록 큰아이는 난폭해졌고, 작은아이는 늘 보호의 손길을 필요로 했지요.

큰아이가 열한 살, 작은아이가 여덟 살 때 부모 교육 모임에 참여하게 되었는데, 거기서 부모가 자신이 바라는 대로 아이를 대한다는 말을 듣고는 충격을 받았어요. 그리고 제 행동을 돌아보게 되었지요. 저는 아이들을 새로운 눈으로 바라보기 시작했어요. 큰아이는 공격적이기는 했지만 착한 면도 있었어요. 작은아이도 늘 피해자라는 인식을 버려야 한다는 걸 깨달았고요. 그때 이후로 아이들에 대한 고정관념을 없애버렸지요. 우리 집에는 피해자와 가해자가 있는 게 아니라 서로 존중하고 존중받는 법을 배우는 아이들이 있을 뿐이라고요. 제가 생각을 바꾸었더니 아이들이 변하기 시작했답니다.

부모가 해야 할 일은 아이가 나쁜 행동을 멈추고 행동에 대한 책임을 갖도록 하는 것이다. 아이가 하루아침에 변할 거라는 기대는 하지 않는 게 좋다. 그렇지만 아이가 잘못할 때마다 아이의 눈을 똑바로 쳐다보며 이렇게 이야기해 주어야 한다. **"네 안에는 착한 심성이 들어 있어. 이제 그 심성을 꺼내어 사용해 보렴."** 부모는 아이가 나쁜 방향으로 나아가지 않도록 모든 지혜를 발휘해야 한다.

다음 만화는 가해자인 아이에게는 동정심을 갖게 하고, 피해자인 아이에게는 강해지는 방법을 소개하고 있다.

아이를 가해자로 만드는 대신 동정심을 갖게 한다

CARTOON 1 한 아이를 가해자로 만들 때

CARTOON 2 폭력이나 폭언 이외의 방법을 알려준다

CARTOON 3 다른 형제들이 한 아이를 가해자로 몰아붙일 때

CARTOON 4 형제를 새로운 시각으로 보도록 유도한다

CARTOON 5 아이가 자기 자신을 가해자라고 여길 때

CARTOON 6 아이가 착해질 수 있다는 것을 알려준다

아이를 피해자로 대하는 대신 더욱 강해지게 한다

CARTOON 1 아이가 피해의식을 느낄 때   **CARTOON 2** 아이가 스스로 문제를 해결할 수 있도록 해준다

CARTOON 3 다른 아이들이 한 아이를 피해자로 만들 때   **CARTOON 4** 다른 아이들이 달리 생각할 수 있게 한다

CARTOON 5 아이가 자기 자신을 피해자라고 여길 때   **CARTOON 6** 아이 자신이 알지 못하고 있는 잠재력을 일깨워준다

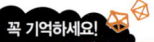
꼭 기억하세요!

부모코칭 6 아이들이 고정된 역할을 하지 않도록 도와준다

1. "승환아, 동생 공을 어떻게 한 거야? 왜 또 동생을 못살게 굴어?"
부모가 아이에게 '너는 왜 만날 그 모양이니?'라는 식으로 말하면 안 된다. 아이가 뭘 해야 하는지 차분하게 알려준다.
⇨ "승환아, 동생이 공을 달라고 하잖아."

2. "엄마도 알잖아요. 내가 나쁜 애라는 거."
아이가 자신을 나쁜 아이라고 단정지을 때는 부모가 나서서 아이에게 착한 아이가 될 수 있다고 격려해 준다.
⇨ "주현아, 넌 네가 마음이 착하다는 것을 잘 모르는구나."

3. "아빠, 현우는 욕심쟁이예요. 혼자서만 공을 갖고 놀아요."
형제가 다른 형제를 나쁜 아이로 규정할 때는 형제에 대해 긍정적인 시각을 갖도록 해준다.
⇨ "넌 동생이 얼마나 너그러운지 잘 모르는구나. 네가 동생한테 잘 말해 보렴."

4. "넌 맞아야 말을 듣지!"
형이 동생을 때릴 때는 형에게 관심을 주지 말고 동생에게 주의를 기울인다. 그러면 형은 자신을 돌아보게 된다.
⇨ "어머, 괜찮니? 이리 와봐. 엄마가 봐줄게. 형은 말로 표현하는 법을 배워야겠구나."

'아픈 아이'만 특별한 보살핌을 받아야 하는 것은 아니다

　가족들 중에 누군가 아프거나 장애가 있을 수 있다. 자식이 그럴 수도 있고, 형제가 그럴 수도 있으며, 부모가 그럴 수도 있다. 이것은 부모의 잘못도 아니고, 형제의 잘못은 더더욱 아니며, 자신의 잘못 또한 아니다.
　자식이 아픈 경우에 부모가 아픈 아이에게 온 신경을 집중시킬 수밖에 없는 건 너무도 당연하다. 아이가 아프고 불편하니까 관심을 쏟아야 하는 것은 맞지만, 간혹 그로 인해 피해를 보는 아이가 생길 수도 있다. 형제나 자매가 아프거나 장애가 있을 경우, 다른 아이는 착한 아이가 되어야 한다. 아픈 아이가 때리거나 심술을 부려도 다 받아줘야 하고 참을 수밖에 없다.

그렇지만 그 아이도 아이일 뿐이다. 부모가 아픈 아이에게 온 신경을 집중하고 있으니 충분히 어린아이처럼 활기차게 지내야 함에도 불구하고 아이는 노심초사 늘 살얼음판을 걷는 불이익을 당하게 된다. 한 엄마가 이런 이야기를 털어놓았다.

제 동생이 아팠어요. 여덟 살 때 천식을 앓기 시작했고, 열네 살 때는 위궤양으로 힘들어했어요. 그래서 부모님의 관심은 늘 동생한테만 있었지요. '오늘은 준이 상태가 괜찮네요.', '준아, 어디가 아프니?' 오로지 준이, 준이…… 저는 안중에도 없었답니다.

제가 열다섯 살 때 일인데, 평생 잊지 못할 기억이랍니다. 생일날 친구들과 영화를 보러 가겠다고 했어요. 그런데 부모님은 동생이 저렇게 아픈데 영화 볼 생각이 드느냐며 저를 마구 꾸짖었어요. 덕분에 지금도 가장 슬픈 생일로 기억되고 있답니다.

아이들한테 항상 착한 행동을 요구하는 건 큰 부담이 아닐 수 없다. 그 아이 또한 화가 나면 화를 내고 짜증을 낼 권리가 있다는 것을 부모가 알아야 한다.

문제가 있는 아이만큼 문제가 없는 아이도 부모의 관심을 받아야 한다. 부모가 문제 있는 아이에게만 집중하면서 정상인 아이에게 문제가 있는 아이의 요구를 들어주어야 한다고 무언의 압력을 넣거나, 정상인 아이의 요구는 묵살한다면 결국 정상인 아이는 문제 있는 아이를 원망하게 된다. 이런 생각은 문제 있는 아이에게도 좋지 않다.

시도 때도 없이 소리를 지르는 발달장애 아이, 신체 일부분이 아파 일상생활이 불편한 아이, 뇌성마비로 잘 움직이지 못하는 아이, 소아마비로 휠체어를 타야만 하는 아이 등은 우리 주위에서도 있을 수 있다. 그런데 부모가 아이에게 '너는 혼자서는 아무것도 할 수 없어. 그러니 식구들의 도움을 받아야 해.'라는 식의 메시지를 주어서는 안 된다. 아이가 '나는 비록 몸은 불편하지만 많은 것들을 해낼 수 있어.'라는 자신감을 갖고 살 수 있도록 이끌어주어야 한다.

다음 만화가 그런 생각을 갖게 하는 데 도움이 될 것이다.

아이가 할 수 있는 것에 초점을 맞춘다

CARTOON 1 할 수 없다는 암시를 주지 않는다

CARTOON 2 대신 할 수 있다는 용기를 준다

CARTOON 3 할 수 없다고 인정하지 않는다

CARTOON 4 대신 할 수 있다는 용기를 준다

CARTOON 5 화를 내지 않는다

CARTOON 6 대신 아이의 감정을 먼저 살핀다

형제 관계에 있어서 정말 중요한 역할을 하는 사람은 '부모'다. 부모 자신이 집안에 문제아가 없다고 생각해야 한다. 그리고 아이들을 있는 그대로 인정하고 받아들여야 한다. 그렇다고 문제가 없어지는 것은 아니다. 다만 문제가 생길 때마다 하나씩 풀어나가면 된다고 생각하는 긍정적인 마음을 가지면 된다. 그리고 자신한테 그런 힘이 있다는 것을 믿어야 한다. 가족이 좋은 팀워크를 이룬다면 더할 나위 없다.

꼭 기억하세요!

부모코칭 7 ☆ 장애가 있는 아이라고 해서 더 특별하게 대하지 않는다

1. "짜증나지? 넌 못해도 괜찮아!"
아이가 좌절감을 느낀다면 있는 그대로 인정해 준다.
⇨ "짜증날 거야. 이건 쉬운 일이 아니거든."

2. "이번에도 성공하지 못했구나."
아이가 잘하지 못했더라도 격려해 준다.
⇨ "아깝다. 거의 될 뻔했는데!"

3. "앞으로 이런 건 하지 말자. 너한테 너무 어려운 일이니까!"
아이와 어떤 해결책이 있는지 같이 의논한다.
⇨ "엄마가 보기에 좀 어려운 것 같은데, 넌 어떻게 했으면 좋겠니?"

역할의 굴레에서 벗어나
자존감을 높여주는 대화 기술

아이들에게는 무궁무진한 가능성이 있다. 부모가 아이를 새로운 시각으로 보는 순간 아이는 놀라울 정도로 달라진 모습을 보여준다. 그러기 위해서는 아이를 '역할'이라는 굴레에서 벗어나게 해주어야 한다.

나도 깨끗하게 정리할 줄 알아요

영서와 윤서는 성향이 좀 달라요. 영서는 어릴 때부터 정리정돈을 잘했어요. 어린 나이인데도 장난감이며 옷 등을 크기나 모양에 따라 보기 좋게 정리할 줄 아는 아이였지요. 하지만 윤서는 달랐어요. 자기가 갖고 놀던 장난감을 치우지도 않았고, 옷은 항상 엉망으로 벗어놓았지요.

지난 주말에 베란다를 치워야겠다고 마음먹었는데 순간 영서가 떠오르더군요. 하지만 윤서를 불러서 도와달라고 했어요. 윤서는 흔쾌히 승낙했고요.

그러더니 윤서는 베란다에 있는 것들을 모조리 꺼내놓았어요. 화분이며 잡동사니들을 죄다 꺼내놓는 걸 보고 순간 영서를 부를 걸 하고 후회가 되었지요. 그랬는데 윤서는 바닥을 물로 닦더니 하나하나 정돈하기 시작했어요. 또 버릴 건 한쪽으로 치워놓기까지 했지요. 발을 들여놓을 데도 없었던 베란다가 깨끗해진 걸 보고 얼마나 놀랐는지 몰라요. 정리라고는 전혀 모르던 아이가 그렇게 깨끗하게 정리해 놓을 줄은 상상도 못했으니까요. 아직 어린아이인데 말이에요.

나는 큰 아기예요

둘째아이가 태어난 뒤로 우리 부부는 큰아이에게 '오빠'라는 인식을 심어주느라 바빴어요. '아빠, 엄마, 건이, 아기.'라는 식으로요. 그런데 우리 부부가 아직 어린아이에 불과한 건이한테 큰아이처럼 행동하라고 은연중에 요구하고 있다는 것을 깨달았어요.

얼마 전 아기가 기기 시작했을 때 "어머! 아기가 기기 시작했어."라고 말하며 기뻐하자 건이가 옆에서 아기를 따라 기어다니기 시작하는 거예요. 그래서 엄한 목소리로 "오빠는 그렇게 하는 게 아니야."라고 말해 버렸지요.

그런데 곰곰 생각해 보니 건이 역시 어린아이라는 거예요. 그래서 '큰애', '아기'라는 딱지를 떼고, '건이', '수아'로 돌아갔어요. 어제 수아를 한쪽 무릎에 앉혀 놓았는데, 건이가 다른쪽 무릎에 앉으면서 "나는 큰 아기다!"라고 소리를 지르더군요. 그래서 건이한테 "큰 아기, 안녕!" 하고 인사를 건넸지요. 건이는 재미있는지 계속해서 그 놀이를 하고 놀았답니다.

누가 뭐래도 우리는 형제인 걸요

아들 둘을 키우기란 참 많은 에너지가 소모되는 일이에요. 하루도 두 녀석이 싸우지 않고 지나가는 날이 없거든요. 보통의 경우 형이 가해자가 되고, 동생이 피해자가 되잖아요. 저희 집 또한 다르지 않아서 항상 형이 혼나고는 했어요. 그러다 보니 늘 같은 상황이 반복되었지요. 그래서 다른 시각으로 아이들을 바라보기로 마음먹었어요.

한번은 아이들 방에서 쿵쾅거리는 소리와 함께 고함소리가 들려서 들어가 보았더니 둘이 싸우고 있는 거예요. 형인 재혁이가 동생 재준이를 타고 앉아서 저를 보며 씩 웃는데 순간 너무 화가 나서 '이 악당 같으니라고. 얼른 동생 위에서 내려오지 못해! 당장

내려오지 않으면 혼날 줄 알아!'라고 고함을 지를 뻔했어요. 하지만 마음을 진정시키고 이렇게 말했지요.

"재준아, 너는 좋겠다. 어떻게 하면 난장판이 되는지 알려주는 형이 있어서."

그러자 재혁이가 놀란 눈으로 저를 쳐다보더군요.

"게다가 재준아, 너도 이제 충분히 형을 감당할 수 있을 만큼 힘이 세잖니!"

재준이도 놀라서 저를 쳐다보았지요.

저는 그 말만 하고는 방문을 닫고 나왔어요. 2~3분이 지나자 여전히 쿵쾅거리는 소리가 났지만, 아까처럼 고함 소리가 나지는 않았어요. 인내심을 갖고 기다렸더니 재준이가 울면서 나왔고 그 뒤를 재혁이가 따라나왔어요.

"형이 때렸어요."

저는 가까스로 참으며 말했어요.

"형한테 말해. 그래야 다시는 때리지 않을 거 아냐?"

"말했는데도 그랬어요."

"다시 말해 봐. 만일 이런 식으로 하면 형과 다시는 레슬링을 하지 않겠다고. 형은 바보가 아니니까 네 말을 알아들을 거야."

재준이는 울음을 그치고 다시 형과 방으로 들어가더군요.

잠시 후 아니나 다를까, 다시 재준이의 비명 소리가 들려와 애들 방으로 부리나케 달려갔지요. 그때 방에서 재혁이의 목소리가 들려왔어요.

"재준아, 아이고 미안, 미안! 너도 날 한 대 쳐. 그렇게 치지 말고 이렇게 말야!"

재혁이가 때리는 방법을 가르쳐줬는지 다시 우당탕 소리가 났어요. 제가 방문을 열자 방 안은 온통 책과 장난감으로 발 디딜 틈이 없었지요.

"너희들, 정말 혼나야겠구나. 방을 깨끗이 치우기 전까지 이 방에서 나올 생각은 꿈도 꾸지 마."

애들은 제가 혼내는데도 킬킬거리며 책과 장난감을 치우기 시작했어요. 그렇게 둘이 한편이 된 건 처음인 것 같아요. 저는 겉으론 화를 잔뜩 냈지만 속으론 절로 웃음이 나왔답니다.

부모의 말과 행동이 아이의 역할을 규정지을 수도 있으므로 조심하는 것은 당연하거니와, 한 아이가 다른 아이의 역할을 단정지을 때도 그냥 넘어가지 말고 주의시켜야 한다. 다음은 부모들이 그러한 상황에서 어떻게 가르쳤는지 알려주는 예들이다.

　*승준 : (승호가 보는 앞에서) 엄마, 나는 승호보다 인사를 잘해요. 승호는 수줍어서 인사를 못하잖아요.

엄마 : 그래, 우리 승준이는 인사를 참 잘하지. 아마 승호도 마음만 먹으면 인사를 잘하게 될 거야.

* 명훈 : 엄마, 수지는 멸치볶음을 입에도 대지 않아요. 편식이 너무 심해요.
  엄마 : 수지는 자기가 좋아하는 음식을 먹는 거야. 곧 멸치볶음도 좋아하게 될 거고.

* 솔이 : (아기를 향해) 못됐어! 내 곰인형이 엉망이 됐어.
  아빠 : 예담이가 네 곰 인형을 빨아서 화났구나. 그래도 솔아, 아빠는 솔이가 예담이를 보고 못됐다는 말을 하면 속상해. 그러니까 예담이가 빨아도 괜찮은 인형을 주면 어떨까?

* 다영 : 엄마, 나 돈 잃어버렸어요. 그래서 준비물을 못 샀어요.
  다정 : 또 잃어버렸다고?
  다영 : 내 잘못이 아니야. 주머니에 구멍이 나 있었다고.
  다정 : 하여간 넌 칠칠치 못해.
  엄마 : 엄마는 다영이가 칠칠치 못하다고는 생각 안 해. 앞으로 돈을 어디에 두어야 잃어버리지 않을지 더 생각해 보렴.

나도 의젓한 아이라고요

막내 혜린이는 시도 때도 없이 징징거려요. 그래서 언니들이 '울보'라고 부르며 놀리곤 하지요. 아내와 저는 이혼을 했고, 아이들은 엄마하고 살고 있어요.

그런데 이혼 이후 막내의 울음이 더 심해진 것 같더라고요. 그래서 어떻게 해야 하나 고민하던 중 대학 다닐 때 인간관계 수업 시간 중 '장점 폭격'이라는 실습을 한 게 기억나더군요. 한 학생에 대해 장점을 세 가지씩 적는 거였거든요. 다른 사람들한테 내 장점을 들었을 때의 기분 좋음은 말로 표현하기 힘들다는 걸 잘 아실 거예요.

지난 주말, 아이들이 저희 집에 왔을 때 저는 아이들에게 서로에 대한 장점을 세 가지씩 말해 보라고 했어요. 그리고 각기 다른 종이에 그것들을 받아 적었어요. 혜린이에 대해 큰아이 혜연이가 말하더군요.

"혜린이는 착해요."

그래서 저는 좀 더 구체적으로 말해 달라고 했지요. 그러자 혜연이가 이렇게 말했어요.

"혜린이는 자기가 본 텔레비전 프로에 대해 재미있게 말해 줘요. 혜린이 이야기를 듣고 있으면 금세 웃음보가 터져요."

그 말을 듣자 혜린이가 웃었어요. 그래서 저는 한 가지를 더 말해 달라고 했지요.

"혜린이는 막무가내로 하지 않고 언제나 공손하게 부탁해서 좋아요."

이런 식으로 저는 혜린이의 장점 여섯 가지를 받아 적었어요. 물론 다른 아이들의 장점도요. 아이들은 점점 구체적으로 말하기 시작했어요.

혜진 : 나는 인형놀이를 할 때 언니가 멋진 이야기를 꾸며내며 하는 게 너무 좋아요.
혜연 : 혜진이는 연필 하나 달라고 할 때도 예의바르게 말해요.
혜린 : 기분이 안 좋아서 누워 있으면 언니들이 와서 "왜 그러니?" 하고 물어봐줘서 좋아요.

아이들은 시간 가는 줄도 모르고 서로를 칭찬하느라 바빴어요. 한참이 지나자 혜연이가 자신의 장점을 말해도 되냐고 묻더군요. 물론 그렇게 하라고 했지요. 혜연이가 먼저 말하고나서 다른 아이들도 자신의 장점을 말했답니다.

혜연 : 나는 길 잃은 고양이를 보면 따뜻하게 쓰다듬어 줘요.
혜진 : 나는 혜린이랑 놀 때 설명을 잘해 줘요.

혜린 : 나는 혼자서도 머리를 잘 빗어요.

이렇게 주말을 보내는 동안 아이들은 혜린이를 놀리지 않았어요. 혜린이 역시 울지 않고 언니들과 잘 지냈고요. 아이들은 자신에 대한 장점이 적힌 종이를 가방에 소중하게 넣어두었답니다.

저도 이렇게 잘하는 걸요

경훈이는 운동실조증이라는 병을 앓고 있어요. 그래서 누군가는 경훈이 옆에 꼭 붙어 있어야 해요. 그런데 경훈이를 제외한 저희 가족은 모두 스포츠를 좋아해요. 남편과 저는 등산을 좋아하고, 아홉 살 난 소민이는 스케이트와 수영, 달리기 등 못하는 운동이 없지요.

주말만 되면 소민이는 스케이트를 타러 가자고 졸랐어요. 하지만 누군가는 경훈이와 집에 있어야 했지요. 그렇게 말하면 소민이는 경훈이 때문에 되는 게 없다며 불평을 늘어놓았어요. 그러다 포기하곤 했지요.

하지만 부모 교육 모임을 다녀온 뒤부터는 생각을 바꾸었어요. 소민이한테 양보만 하라는 게 두 아이 모두에게 도움이 되지 않는다는 것을 깨달은 거지요.

그래서 토요일 아침 가족회의를 열고 우리도 다른 가족들처럼 살 거라고 말했어요. 물론 경훈이에게 가족들은 있는 그대로 모든 걸 받아들일 거라고 했고요. 그리고 야외활동과 운동도 모두가 원하는 만큼 하겠다고 했어요. 그런 다음 옷을 갈아입고 스케이트장으로 향했지요.

빙판 위에서 소민이는 금세 폼을 잡더니 우아하게 스케이트를 타더군요. 우리 부부는 경훈이의 양쪽 손을 잡고 빙판 위에 섰지요. 무려 25분이나 걸려 스케이트장을 한 바퀴 돌 수 있었지만, 모두들 만족스러운 얼굴이었어요. 소민이는 우리 주위를 돌면서 잘한다는 말을 스무 번도 넘게 했답니다.

빙판을 나오는데 경훈이가 환하게 웃으며 말했어요.

"엄마 아빠, 내가 이렇게 스케이트를 잘 탈 줄 꿈에도 생각 못하셨죠?"

부모가 아이들 싸움에 끼어들어야 한다면 다음 사항들을 꼭 기억하는 것이 좋다.
    1. 지금 아이들이 무척 화가 나 있다는 사실을 인정한다.
    2. 각자의 입장을 존중하며 의견을 듣는다.
    3. 부모가 봐도 어려운 문제라는 걸 인정해 준다.
    4. 아이들 문제는 아이들 스스로 풀 수 있다는 확신을 심어준다.
    5. 아이들이 있는 방에서 나온다.

싸움을 가라앉히고 형제애를 일깨우는 단계별 대처법

아이들이 싸울 때 꼭 필요한
효과 100배 대처법

두 자녀 이상을 둔 가정의 부모가 제일 힘들어하는 것 중 하나가 아이들 간의 싸움이다. 아침 저녁, 집에서나 밖에서나 아이들의 다툼은 그칠 새가 없다. 그럴 때마다 아이들에게 소리도 질러보고 윽박도 지르지만, 아이들이 다투는 소리는 커져만 가고 불평불만도 끊이지 않는다.

많은 부모들이 아이들이 싸울 때 어떻게 해야 할지 몰라 당황한다. 어떤 때는 소리를 지르기도 하지만, 한번 부모가 중재에 나서면 그럴 때마다 부모의 중재를 바라게 되므로 그것도 바람직한 방법이라고 할 수 없다. 아예 간섭하지 않거나 자기 힘으로 해결하도록 내버려두기도 하는데, 단순한 말싸움이 아니라 입에 담지 못할 욕을 하고 물건을 던지며 격렬히 싸울 때는 부모로서 모르는 척하기도 힘들다.

아이들이 싸우는 데는 다양한 이유가 존재한다.

"제 딸은 뭐든 자기 것이라고 우겨요. 동생 것도 자기 것이니까 자기 허락을 받아야 쓸 수 있다는 식이죠."

"우리 아들은 뭐든 경계를 그어놓아요. 자기 허락 없이 자기 영역에 들어오는 걸 못 참지요."

"저는 어렸을 때 아버지를 독차지하기 위해 동생과 싸우곤 했어요. 아버지가 동생보다 저를 더 사랑한다는 증거를 찾기 위해 노력했지요."

"학교에서 친구와 싸운 분풀이로 집에 와 동생을 괴롭히거나 때리기도 해요."

"우리 아이들은 별다른 이유없이 서로 치고받고 싸우면서 화를 푸는 것 같아요."

"학교에서 선생님한테 혼났을 때는 화를 풀 길이 없으니까 형제들에게 괜한 시비를 걸어요."

"심심해서 싸울 때도 있는 것 같아요. 큰아이는 동생한테 '넌 다리 밑에서 주워 왔어. 넌 태어날 때 원숭이처럼 생겼었어.'라고 말하며 심심풀이로 놀려요."

"우리 아이는 자기가 대단한 사람이 되기 위해서는 동생과의 싸움이 필요하다고 생각하나 봐요. 어느 날은 제가 '동생을 괴롭혀서 재밌니?'라고 물으니까 글쎄 '네, 이기니까 힘이 나요. 아마 이런 식으로 하면 축구 시합에서도 이길 거예요.'라고 하는데 정말 어처구니가 없더군요."

"우리 애들은 저를 떠보기 위해 싸우는 것 같아요. 잠자리에 들 때도 불과 몇 분도 되지 않아서 작은애가 달려 나오며 소리쳐요. '엄마, 형이 날 못살게 굴어요.' 그러면 큰애가 따라나오며 '엄마, 쟤가 내 침대로 들어왔어요.'라고 불평을 해요. 저는 아이들을 나무라며 2층에 있는 방까지 같이 올라가 주는데 잠깐 잠잠해졌다 싶으면 다시 벽을 차고 소리를 치고 난리가 아니에요. 이런 식으로 하루에도 대여섯 번씩 제가 2층을 오르락내리락하는 것에 재미 들린 것 같더군요."

다음과 같은 상황이 벌어졌다고 가정하자. 남매가 있다. 오빠 나이는 아홉 살, 지금 밖에는 비가 내려서 나갈 수 없고, 집에 있자니 따분하다. 그때 오빠 눈에 어릴 때 놀던 블록이랑 동물 장난감이 눈에 띄었고, 동물 장난감으로 동물원을 만들면 재미있겠다는 생각을 한다. 연못도 있고 원숭이도 있는 동물원 말이다. 그래서 바닥에 앉아 열심히 블록과 동물 장난감으로 동물원을 짓기 시작한다.

여동생도 딱히 할 일이 없기에 오빠가 노는 데 끼어들고 싶어

오빠 옆에 바짝 다가 앉으며 함께 놀자고 한다. 하지만 오빠는 싫다고 말한다. 여동생은 기린과 블록을 손에 들고 같이 놀자고 계속 부탁하지만 오빠는 단호하게 거절한다.

결국 여동생은 아빠가 같이 놀라고 사준 거라며 기린과 블록을 주지 않고, 오빠는 동생의 손을 벌려 억지로 빼앗는다. 그러자 화가 난 여동생은 몹시 아파하며 부모에게 쪼르르 달려가서 오빠가 때렸다며 이른다.

이러한 상황에서 부모라면 어떻게 행동할까? 당장 둘 다 그만두라고 하거나, 너희는 매일 싸우기만 하냐고 나무라는 게 일반적일 것이다.

아니면 두 아이를 모두 불러 자초지종을 따질지도 모른다. 사이좋게 놀아야 한다고 타이르거나, 큰아이가 먼저 갖고 놀기 시작했으니까 큰아이 편을 들 수도 있다.

다음 만화는 아이들 싸움에 전혀 도움이 되지 않는 부모의 반응들이다.

아이들 싸움에 도움이 되지 않는 반응①

아이들 싸움에 도움이 되지 않는 반응 ②

대부분의 부모가 흔히 쓰는 방법들이 아이들로 하여금 더욱 적개심을 갖게 하고 좌절하게 만드는 경우가 많다.

부모가 아이들 싸움에 끼어들어야 한다면 다음 사항들을 꼭 기억하는 것이 좋다.

1. 지금 아이들이 무척 화가 나 있다는 사실을 인정한다.
2. 각자의 입장을 존중하며 의견을 듣는다.
3. 부모가 봐도 어려운 문제라는 걸 인정해 준다.
4. 아이들 문제는 아이들 스스로 풀 수 있다는 확신을 심어준다.
5. 아이들이 있는 방에서 나온다.

다음 사례는 이런 식으로 아이들을 대했을 때 어떤 상황이 벌어지는지 보여주는 것이다.

아이들 싸움에 올바르게 대처하는 방법

PART 6 싸움을 가라앉히고 형제애를 일깨우는 단계별 대처법

아이들이 스스로 찾아낸 바람직한 해결법

이런 경우 부모가 두 아이의 입장을 모두 이해해 주는 것이 가장 중요하다. 그러면 아이도 부모로부터 존중받는다는 느낌을 받는다. 부모가 잠시 자리를 비켜주는 것도 필요한데, 그 자리에 계속 있으면 아이들은 서로 자기 편을 들어달라고 할 것이다.

아이들이 스스로 해결 방법을 찾으면 다행이지만, 어느 쪽도 말하지 않으려 할 때는 부모가 한두 가지 제안을 해주는 것도 바람직하다. "장난감을 둘이 가지고 놀든지 아니면 친구 집에 가서 놀든지 결정하렴." 이런 식으로 제시하면 아이들은 둘 중 하나를 선택할 것이다.

만약 아이들 방에서 나왔는데 아이들이 해결 방법을 찾다가 싸울 때는 부모가 결정해 주는 것도 좋은 방법이다. 이를테면 오빠 혼자 동물원을 만들라고 하고 동생은 데리고 나오든지, 아니면 그 반대로 할 수도 있다. 다만 나중에 어떤 식으로 할지는 규칙을 정하겠다고 말해야 한다.

간혹 아이들이 다칠 정도로 크게 싸울 때도 있다. 동생은 쇠로 된 장난감을 형에게 던질 기세고, 형은 야구방망이를 휘두를 기세라면 아이들에게 지금의 상황을 묘사해 주고 행동의 한계를 정해 주어야 한다. 다음의 사례처럼 말이다.

다칠 위험이 있을 정도로 격하게 싸울 때

CARTOON 1 아이들에게 현재의 상황을 묘사해 준다

CARTOON 2 아이들에게 행동의 한계를 정해 준다

아이들이 지금 어떤 행동을 하고 있는지 부모가 단호하게 말하면 아이들은 곧 잘못된 행동을 멈출 것이다. 아이들을 다치게 하지 않겠다는 부모의 확고한 의지가 아이들의 분노를 사그라뜨리기 때문이다. 나중에 아이들은 그런 부모가 있어서 위험을 피했다는 사실에 안도의 한숨을 쉴지도 모른다.

아이들이 싸울 때는 어떨 때 개입해야 하고, 또 어떨 때 스스로 해결하도록 기다려야 하는지 헷갈릴 때가 있다. 아이들은 싸우고 있는데 부모는 강 건너 불구경 하듯 있을 수 있고, 아이들은 놀고 있는데 부모는 아이들이 싸우는 거라고 생각할 수도 있다. 한 아버지가 이런 말을 했다.

"저는 쌍둥이예요. 어떤 때는 형이 막무가내로 저를 때리는데도 부모님은 가만히 보고만 계셨어요. 아니, 아는 체도 안 하셨지요. 애들은 싸우면서 크는 거라고 생각하신 것 같아요. 지금도 저는 부모님이 어떻게 저희를 그냥 놔둘 수 있었는지 궁금해요. 저희 부모님은 다른 부모님보다 굉장히 엄하셨거든요. 형을 앉혀놓고 동생을 샌드백처럼 패면 안 된다고 엄하게 가르쳐야 하는데도 그러지 않으셨어요."

한 어머니는 이런 말을 했다.

"저는 어렸을 때 오빠들이 간지럼을 많이 태웠어요. 오빠들은 저를 거꾸로 든 뒤 간지럼을 태우며 즐거워했지요. 저는 죽을 것처럼 힘들었어요. 그런데 부모님은 그 모습을 보면서 저희들이 재미있게 노는 거라 생각하셨는지 아무 말씀도 안 하셨어요."

아이들이 싸우는 건지 노는 건지 헷갈릴 때는 물어보는 것도 좋은 방법이다. "너희들 지금 싸우는 거니, 아니면 장난하는 거니?" 하고 말이다.

물론 장난으로 시작했다가 싸움으로 끝날 때도 있다. 그럴 때는 부모가 얼른 개입해서 둘을 떨어뜨려놓아야 한다. 그리고 미리 아이들한테 한쪽이 어떤 장난을 싫다고 하면 즉시 그만둬야 한다는 걸 알려주어야 한다. 한 아이를 희생하면서 자신의 즐거움을 누리는 건 옳지 않은 일임을 확실히 가르쳐주어야 하는 것이다.

분명한 건 부모는 아이들끼리 싸울 때 해결해 주거나 판단을 내려주는 역할을 하는 게 아니라, 아이들이 서로 대화할 수 있도록 통로를 마련해 주어야 한다는 것이다.

꼭 기억하세요!

부모코칭 8 아이들이 싸울 때 대처법

1단계 : 일상적인 다툼일 경우
1. 대수롭지 않게 여긴다.
2. 그런 싸움으로 인해 아이들 스스로 갈등을 어떻게 해결해야 하는지 그 방법을 찾아낼 수 있다고 믿는다.

2단계 : 부모의 개입이 상황에 도움이 되는 경우

1. 아이들이 화가 났다는 걸 인정해 준다.

 "너희들 정말 화가 많이 났나 보구나."

2. 아이들 각자의 입장을 말로 표현해 준다.

 "예빈이는 네가 먼저 강아지를 안고 있었으니까 오빠한테 뺏기기 싫다는 거지? 현준이는 예빈이가 강아지를 오래 안고 있었으니까 이젠 네 차례라 생각하는 거고?"

3. 아이들의 싸움을 부모가 하찮게 여기지 않는다는 것을 아이들로 하여금 알게 한다.

 "그랬구나. 강아지가 한 마리라서 어떡하지?"

4. 아이들 스스로 문제를 해결할 수 있다고 말해 준다.

 "너희 둘이 이 문제를 잘 해결할 수 있으리라 믿는다."

3단계 : 부모의 개입이 필요한 경우

1. 아이들에게 묻는다.

 "너희들 지금 장난하는 거니, 싸우는 거니?"

2. 아이들에게 따끔하게 주의를 준다.

 "상대가 장난이라고 생각하지 않으면 장난이 아니야. 얼른 그만 두렴."

4단계 : 부모가 반드시 개입해야 하는 경우

1. 가감하지 않고 보이는 대로 말한다.

 "당장이라도 동생을 치겠다는 거니?"

2. 아이들을 분리시켜 놓는다.

 "너희들 그냥 놔두면 안 되겠구나. 잠깐 마음을 가라앉힐 시간이 필요한 것 같으니 각자 방으로 가거라."

부모는 조언만!
아이들 스스로 해결책을 찾게 한다

아이들은 싸우면서 크는 거라며 싸움을 방관하는 부모들도 있지만, 실제로 싸우면서 관계가 좋아지기는 힘들다. 예전에 십대 아이들을 인터뷰한 적이 있는데, 그들은 형제나 자매로 인해 많이들 힘들어하고 있었다. 더 큰 문제는 어른이 되어서도 그러한 감정들이 여전히 찌꺼기처럼 남아 강박으로 작용한다는 것이다. 아이들은 이렇게 말했다.

"우리 언니는 마치 자기가 엄마라도 되는 것처럼 저를 가르치려 들어요."

"우리 오빠는 집안일에는 손 하나 까딱하지 않아요. 집안일은 오로지 제 차지예요. 집안일은 여자만 하는 거라나요."

"우리 형은 제가 노래만 하면 귀를 막으며 한바탕 난리를 쳐요. 도저히 들어줄 수가 없대요."

"제 여동생은 항상 껌딱지처럼 저한테 달라붙어요. 제가 싫다고 뿌리치면 울음을 터뜨려서 엄마한테 저만 혼나게 돼요."

"제 동생은 애완용 햄스터를 마구 주물럭거려요. 그럼 햄스터가 일찍 죽는다고 해도 소용없어요."

"오빠는 엄마 아빠가 안 계실 때마다 자기가 왕이라도 되는 양 자기 말을 무조건 들어야 한다고 윽박질러요."

아이들은 그런 상황을 부모에게 말하지 않는다고 했다. 말해 봤자 부모님이 믿지 않거나 언니 오빠랑 잘 해결하라는 말만 들었다고 했다.

언니나 오빠로 인해 아이가 어려움에 처해 있을 때 부모는 다음과 같은 방법으로 도움을 줄 수 있다.

1. 가족회의를 열어 회의를 연 이유를 분명하게 설명한다.

"너희를 이렇게 모이라고 한 건 우리가 풀어야 할 문제가 있어서야. 우리가 할 수 있는 일이 뭔지 알아보자꾸나."

2. 가족회의의 규칙을 설명한다.

"오늘은 수지가 괴롭다고 해서 모인 거야. 먼저 수지가 말하렴.

정재야, 너한테도 말할 기회를 줄 테니까 수지가 말할 때 끼어들면 안 돼."

3. 아이들의 의견을 꼼꼼하게 적는다. 그리고 제대로 이해했다는 표시로 적은 것을 읽어준다.

'수지는 엄마 아빠가 집을 비우는 게 싫다. 오빠가 못살게 굴기 때문이다. 지난번에는 소파에 앉아 텔레비전을 보고 있는데 오빠가 마음대로 텔레비전을 끄고 소파에서 팔을 잡아당겨 팔을 다친 적도 있다.'

'정재가 텔레비전을 끈 것은 수지가 하루 종일 텔레비전을 봤기 때문이다. 그리고 팔을 살짝 잡아당긴 것뿐인데 그걸로 다쳤다는 건 말도 안 된다.'

4. 아이들에게 자신의 행동에 대해 반박할 시간을 준다.

"오빠, 여기 시퍼렇게 멍이 들었는데도 살짝 잡아당긴 거라고? 그리고 그 프로그램은 5분만 있으면 끝날 거였어."

"그 멍이 내가 잡아당겨서 생긴 거라고? 말도 안 돼! 그건 이미 예전에 생긴 거잖아! 그리고 그 텔레비전 프로그램도 시작한 지 얼마 안 된 거였어!"

5. 아이들이 의견을 말할 때 평가하지 말고 받아 적기만 한다. 그리고 아이들이 해결책을 말하게 한다.

"엄마 아빠, 제가 오빠니까 수지는 늘 제 말을 들어야 하잖아요."(정재)

"아무리 오빠라 해도 절 마음대로 때리면 안 되잖아요. 오빠 마음대로 하는 건 싫어요."(수지)

"엄마 아빠 외출하실 때 집에서 수지랑만 있는 건 싫어요. 밖에 나가게 허락해 주세요."(정재)

"저도 집에 친구를 데리고 오고 싶어요."(수지)

"엄마 아빠가 외출하실 때는 시간을 정해 주세요. 공부할 시간과 텔레비전 보는 시간을요."(정재)

"다른 사람한테 명령하는 건 나쁜 거죠?"(수지)

6. 해결할 수 있는 것들을 정한다.

동생을 때려서는 안 된다.
텔레비전 보는 시간과 공부 시간을 정한다.
동생에게 명령해서는 안 된다.

7. 일주일 동안 지켜본다.

다음 주 일요일에 다시 회의를 열어, 일주일 동안 얼마나 잘 지

켰는지 확인해 보겠다고 말한다.

이런 해결책이 너무 상투적이라고 느끼는 부모도 있을 것이다. 화난 목소리로 오빠에게 "너 엄마 아빠 없을 때 한 번만 더 동생을 때리거나 못살게 굴면 혼날 줄 알아!" 이런 식으로 강하게 나가야 하는 건 아닐까 생각할 수도 있다.

그렇지만 그런 방법을 쓸 경우에 결론적으로 오빠나 동생 모두에게 좋지 않다. 엄마 아빠한테 혼난 오빠는 언젠가는 동생한테 반드시 분풀이를 하겠다고 벼를 수도 있으며, 동생은 스스로 해결해 나가지 못하고 엄마 아빠에게 계속 의존하기만 할 수도 있기 때문이다.

모든 상황이 자로 잰 듯 명확한 것은 아니다. 부모 입장에서 어떤 아이의 편을 들어야 할지 모호할 때도 많다. 한 아버지는 이런 이야기를 들려주었다.

지난 주 일요일엔 저희 가족 모두가 자전거를 타고 외출할 준비를 하고 있었어요. 막 나가려고 하는데 아들이 딸한테 낡은 가방을 빌려 달라고 하더군요. 그런데 딸아이가 싫다는 거예요. 오빠가 망가뜨릴 거라면서 안 주더군요.

저는 정말 기가 막혔어요. 이미 쓰레기통에 들어가야 할 물건인데 망가질 거라니. 새것도 아니고 헌것을. 딸한테는 새 가방도 있거든요.

그래서 제가 오빠한테 빌려주라고 고함을 질렀죠. 가방을 빌려주지 않는다면 자전거를 타러 가지 않겠다고 했더니 마지못해 주더라고요. 얼굴이 완전히 뾰로통해서요.

하지만 이 일로 인해 아이는 가족끼리 물건을 나눠 쓸 수도 있다는 것을 배웠을 거예요.

아이들의 아버지가 오빠 편을 들면서 딸아이가 나누는 것을 배웠을 거라고 했지만 실제로는 그렇게 생각하지 않았을 수 있다. 또한 딸아이 입장에서는 무척 서운했을 수도 있다. 오래된 물건일수록 추억이 많아서 애착이 더 갈 수도 있기 때문이다.

다음 사례는 자매가 옷으로 인해 싸우는 장면이다. 부모가 최종 결정을 내릴 때 어떤 상황이 펼쳐지는지 살펴보자.

옷 때문에 벌어진 자매의 싸움

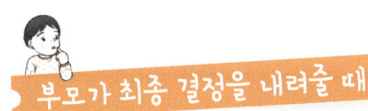

부모가 최종 결정을 내려줄 때

CARTOON 1 부모가 물건 주인을 편들 경우

CARTOON 2 부모가 물건을 빌리고 싶어 하는 아이를 편들 경우

부모가 조언만 하고 최종 결정은 아이들한테 맡길 때

옆의 사례를 보면 엄마가 언니의 편을 드는 것처럼 보일 수 있지만, 언니의 권리를 인정해 준 것뿐이다. 그로 인해 언니도 동생한테 빌려주고 싶은 마음이 생겨났다. 엄마가 두 아이의 갈등을 해소시켜 주는 발판이 되어준 셈이다.

그렇지만 가족들끼리는 물건을 나눠 쓰도록 가르치는 게 마땅하다고 생각하는 부모라면 이런 결과가 마음에 들지 않을지도 모른다. 실제로 아이들에게 물건을 나눠 써야 한다는 것을 가르치는 것은 무척 중요하다. 공간도, 시간도, 물건도 나누어야 하고, 심지어는 자신까지도 나누어야 할 때가 있다. 그리고 나눌 때의 기쁨이 얼마나 큰지도 알려주어야 한다. 하지만 억지로 나누라고 하면 아이들은 오히려 더 집착하거나 불만이 생길 수 있다.

누가 옳고 누가 그르고, 무엇이 합리적이고 비합리적인지, 무엇을 나눠 쓰든 나눠 쓰지 않든 집 안에서 일어나는 모든 일의 결정권을 부모가 쥐고 흔든다면 아이들은 의존적으로 될 것이다. 따라서 아이들의 갈등을 줄이고 사이좋게 지내도록 하려면 '지금 이건 누구한테 더 필요할까? 지금 저 아이는 기분이 어떨까? 그 누구한테도 치우치지 않는 현명한 결정을 내리려면 어떻게 해야 할까?' 등 서로가 잘 되도록 하는 데 관심을 가져야 한다.

해답은 없다. 다만 큰 방향은 간섭하지 않되, 간섭해야 하는 경우에도 아이들 스스로 문제를 풀 수 있도록 해주어야 한다.

부모코칭 9 · 아이들이 문제를 스스로 해결할 수 없을 때

1. 가족회의를 열어 이 회의의 주제는 무엇인지, 기본 규칙은 무엇인지 설명한다.
2. 아이들이 느끼는 것과 주장하는 것을 받아 적은 다음 크게 읽어준다.
3. 서로 반박할 시간을 준다.
4. 아이들의 얘기를 평가하지 말고 적기만 한다. 해결책은 아이들 스스로 찾게 한다.
5. 모두 있는 자리에서 해결책을 정한다.
6. 결정한 대로 이루어지고 있는지 점검한다.

부모코칭 10
한쪽 편을 들지 않고 부탁하는 아이를 지원해 주려고 할 때

"아빠, 연수가 색연필을 안 줘서 숙제를 못하고 있어요."
"저도 색칠하고 있어서 못 주는 거예요."

1. 아이들의 입장을 말로 표현해 준다.
   "그러니까 주현이는 색연필이 없어서 숙제를 못하고, 연수는 지금 색칠하고 있어서 색연필을 못 주는 거로구나."
2. 규칙이나 규범을 말해 준다.
   "내가 보기에는 숙제가 더 중요한 것 같은데."
3. 서로 타협할 수 있는 방법을 말해 준다.
   "주현아, 지금 숙제를 하려면 어떻게 해야 할까? 아빠가 보기엔 네가 잘 해결할 수 있을 것 같은데."
4. 아이들이 그 상황을 어떻게 해결해야 할지 시간을 준다.

이럴 땐 어떻게 해야 되나요?

형제 관계에 있어서 어떻게 해야 아이들이 싸우지 않고 좋은 감정을 가지며 지낼 수 있을까? 부모라면 그 방법이 알고 싶을 것이다. 하루에도 몇 번씩 소리를 지르는 아이들을 지켜보기란 쉬운 일이 아니기 때문이다. 다음은 부모들이 가장 궁금해하는 질문들을 정리해 보았다.

1. 아이들에게 강요하지 않고 함께 쓰도록 하려면 어떻게 해야 할까요?

▶▶ 1. 아이들 '스스로' 함께 쓸 수 있도록 해야 합니다.

"얘들아, 오늘 엄마가 레고를 사왔단다. 서로 싸우지 않고 함께 놀았으면 좋겠는데? 너희들끼리 방법 좀 생각해 볼래?"

2. 따로 할 때보다 함께할 때의 좋은 점을 말해 줍니다.

"혼자 이 많은 조각을 맞추려면 하루 종일 걸려도 못 맞출 거야. 하지만 둘이 하면 반나절로도 충분할걸!"

3. 혼자 생각할 시간을 줍니다.

"좀 기다려 봐. 현지가 같이 하자고 할 거야."

4. 기다리게 하지 않고 순순히 같이 하자고 하면 칭찬해 줍니다.

"와우! 너희 둘이 세상에서 가장 멋진 집을 만들 것 같은데."

5. 부모가 같이 하는 모습을 보여줍니다.

"좋아. 엄마도 같이 해보자꾸나. 그럼 우리 셋이 더 멋지게 만들 수 있을 거야."

2. 큰애가 작은애를 마음대로 다룰 때는 어떻게 해야 할까요? 이를테면 카드놀이를 하는데 자기는 좋은 것만 갖고 동생은 나쁜 것만 줘서 혼자만 계속 이기거든요. 이럴 때는 어떻게 해야 하나요?

▶▶ 아이들이 이의를 제기하지 않는다면 간섭하지 않는 게 좋습니다. 동생이라고 늘 부모가 나서서 변호해 줄 필요는 없으니까요. 아마 동생도 좀 크면 그 사실을 알게 될 테고, 분명 잘못됐다고 항의하려 들 거예요.

3. 우리 집 아이들은 서로 고자질을 잘해요. 고자질이 습관이 될 것 같아 걱정이에요.

▶▶ 고자질을 한 아이의 의도대로 움직이면 안 됩니다. 아이들에게 자기 행동에 대한 책임을 지게 하면 고자질을 하지 않을 거예요. "오빠에 관해 그런 식으로 얘기하는 건 좋지 않아. 넌 네 얘기만 하면 어떨까?"

이런 식으로 아이에게 말을 하면 고자질이 별로 효과가 없다는 걸 알게 됩니다. 단 예외로 둘 것은 위험한 일을 할 때는 꼭 알려야 한다는 거지요. 어떤 아버지는 아이들에게 이렇게 말했다고 해요.

"아빠는 너희들이 고자질하는 거 딱 질색이야. 너희들 일은 너희들이 해결하려무나. 하지만 누군가 위험한 일을 하고 있다는 걸 봤다면 최대한 빨리 엄마 아빠한테 알려줘야 해. 가족은 서로 보호해 줄 의무가 있으니까. 알겠지?"

4. 어떤 문제를 해결하기 위해 동전을 던져서 결정하는 건 어떤가요?

▶▶ 동전 던지기의 문제점은 한쪽은 이기고 한쪽은 진다는 것입니다. 또 부모가 동전 던지기로 무언가를 결정한다면 아이들에게 감정이나 생각을 무시한 채 우연에 기댄다는 부정적인 생각을 심어줄 수 있지요. 따라서 동전 던지기는 모든 것을 해본 다음에 그래도 안 될 경우에 하는 게 좋아요. 이때는 아이들에게 반드시 의견을 물어야 합니다. "너희들, 이제 동전 던지기로 결정할 건데 그 결과가 어떻게 나오든 받아들일 거지?"라고 말이지요.

5. 가족끼리 수영장에 갈지 공원에 갈지를 놓고 아이들끼리 의견이 나뉜다면 투표로 결정하는 건 어떤가요?

▶▶ "수영장에 갈지 공원에 갈지 옥신각신하느라 시간 낭비하지 말고 가족 투표로 결정하자꾸나. 수영장이 네 명이고 공원이 한 명이니까 수영장으로 가자."

아이들의 의견을 들어보지 않은 채 투표부터 한다면 다수의 결정으로 인해 소수인 쪽에서 좋지 않은 감정을 가질 수 있습니다. 대화로 풀리지 않아 어쩔 수 없이 투표를 해야 할 경우엔 이렇게 행동하세요. 먼저 이긴 쪽의 함성이 잦아들 때까지 기다렸다가 진 쪽의 기분이 어떠할지 큰소리로 말해 주는 겁니다.

"자, 수영장에 가자는 사람이 많아서 수영장으로 가기는 하겠지만 한 사람은 실망했다는 걸 잊지 마렴."

그럼 투표 결과에 시무룩해진 아이도 금세 훌훌 털어버리게 될 거예요.

6. 공원에 놀러 갔는데 아이들끼리 하루 종일 싸우는 거예요. 이럴 땐 어떻게 해야 하나요?

▶▶ 아이들이 계속 붙어 있다고 해서 좋은 것은 아니에요. 따로 떨어져 있는 것도 서로에게 도움이 됩니다. 다른 친구들하고 놀게 하거나, 부모가 한 아이만 데리고 있는다거나, 서로 다른 활동을 하게 해서 떨어져 있다 보면 아이들 스스로 형제의 좋은 점을 느낄 수 있을 거예요.

**7. 아이들이 서로 자기가 잘했다고 우길 때는 어떻게 해야 할까요? 이를테면 두 아이가 집안일을 도왔습니다. 딸은 설거지를 깨끗이 했다고 우기

고, 아들은 냄비며 가스레인지 등 씻기 어려운 건 자기가 했다고 우기면서 싸웁니다.

▶▶ 아이들이 부모의 인정을 받고 싶어서 싸우는 거예요. 이때가 아이들에게 협동심을 길러줄 절호의 기회입니다.

"와우! 정말 대단하다. 부엌에 들어서니 빛이 나는구나. 엄마는 절대로 이렇게 못하는데, 너희 둘이 하니까 훨씬 더 깨끗한 걸? 누가 남매 아니라고 어쩜 그렇게 손발이 척척 맞니?"

8. 만일 모든 방법을 동원해도 한 아이가 다른 아이를 못살게 구는 걸 멈추지 않는다면 어떻게 해야 할까요?

▶▶ 그때는 전문가의 도움을 받아야 합니다. 형제를 끊임없이 못살게 굴거나 미워하고 질투를 느낀다면, 또 언어나 신체적으로 폭력을 행사한다면 전문적인 치료를 받아야 한답니다. 가족 전체가 함께 치료를 받아 보는 것도 좋은 방법이에요.

아이들의 싸움을 잠재우는
부모의 대화 기술

교육 마지막 날, 부모들은 마치 여름방학을 맞이하는 아이들처럼 들뜬 표정이었다. 우리는 그동안 논의했던 방법들을 아이들에게 적용해보고 그 결과에 대해 이야기를 나누었다. 한 사람의 이야기가 끝나면 그 방법을 사용했던 다른 사람들 역시 꼬리를 물고 이야기를 이어갔다.

자기 뜻대로 안 되면 울기부터 해요

아이들한테 오늘은 특별히 텔레비전을 보며 밥을 먹어도 된다고 했어요. 아이들은 신이 나서 텔레비전 앞에 앉아 음식이 차려지기만을 기다렸죠. 그런데 조금 있다가 비명소리가 들리는 거예요.

텔레비전이 잘 보이는 자리가 있었는데 거기에 서로 앉겠다고 싸우는 소리였지요. 물론 싸움은 나이도 많고 덩치도 큰 규명이가 이겼어요.

자리를 뺏긴 동생 규혁이는 눈물을 뚝뚝 흘리며 제게로 왔어요. 당연히 자기 편을 들어줄 거라고 생각했겠죠. 물론 저도 그러고 싶었어요. 규명이는 늘 제 마음대로 동생을 다루거든요. 하지만 저는 평정심을 찾고 이렇게 말했어요.

"규혁아, 이제 그만 울고 형한테 가서 지금 네 기분이 어떤지 말해 봐."

규혁이는 제 말에 힘을 얻어 씩씩거리며 규명이에게 가더군요. 그때의 제 심정은 당장이라도 달려가서 규혁이 편을 들어주고 싶었어요.

규혁이를 본 규명이는 울보라고 놀려댔어요. 저는 규명이에게 그런 말을 하면 안 된다고 나무랐어요. 그랬더니 규명이가 항변을 하더군요.

"왜 이 자리는 규혁이만 앉아야 돼요? 쟨 자기 뜻대로 되지 않으면 울기부터 한다고요!"

저는 텔레비전을 끄고 두 아이에게 말했어요.

"이건 그냥 넘길 수 없는 문제구나. 너희 둘이 해결책을 찾기 전까진 텔레비전을 볼 수 없다."

저는 화가 부글부글 끓어올랐지만 꾹 참고 부엌으로 갔어요. 이건 규명이 잘못이거든요. 조금 있으니까 규혁이가 울면서 부엌으로 들어오더군요. 저는 규명이를 혼내 줄까 하다가 잠깐 두고 보기로 했어요. 물론 아이들이 잘 해결할 거라고는 기대도 안 했지요. 다만 규명이가 들으라고 큰 소리로 이렇게 말했어요.

"너희들이 충분히 잘 해결할 거라고 엄마는 믿는단다."

그랬더니 정말 놀랍게도 규명이가 곧 부엌으로 와서 말하더군요.

"규혁아, 이리 와서 형 말 들어봐."

그러더니 규혁이를 데리고 나갔어요. 조금 있으니까 두 아이가 웃으면서 음식을 가지러 왔어요. 저는 애들한테 무슨 일이 있었는지 모르지만, 제가 처음으로 누구의 편도 들어주지 않았다는 사실에 무척 기뻤답니다.

정말 이 의자에 앉고 싶어요

사실 우리 집 조정자는 제 남편이에요. 제가 이 모임에서 배운 걸 기록해 가면 남편은 그걸 보고 행동으로 옮겼어요.

어제 아침에 있었던 일이에요. 식탁에 앉아 밥을 먹으려는데 준기와 준영이가 서로 창가에 있는 의자에 앉겠다는 거예요. 서로 한치의 양보도 하지 않자 남편이 큰 소리로 자기가 앉겠다고 하더군요. 그러자 준기가 "아빠 미워요!" 하며 화를 냈지요. 아침 식사 분위기가 완전히 망가지는 순간이었어요.

그런데 남편이 무슨 생각이 들었는지 이렇게 말했어요.

"준기야, 너 화가 많이 났나보구나! 그럴 정도로 이 자리에 앉고 싶었던 거야?"

준기는 당연히 "네."라고 대답했어요. 얼굴에는 이미 심통이 사라지고 없었죠. 그러자 남편은 준기와 준영이에게 이렇게 말하더군요.

"얘들아, 아빠는 이 문제를 너희 둘이 잘 해결할 거라고 믿어."

그 말이 떨어지기가 무섭게 아이들은 해결책을 찾아냈어요. 아침에는 준기가 저녁에는 준영이가 그 의자에 앉기로 합의를 본 거예요. 우리는 즐거운 마음으로 아침 식사를 했답니다. 서로 이야기하며 대안을 찾으려는 노력만으로도 형제 간의 갈등을 줄일 수 있었지요.

그림으로 표현하니 화가 가라앉아요

독감에 걸려서 집에서 좀 쉬려고 누워 있었어요. 아내가 직장에 간 터여서 집에는 두 아들과 저뿐이었지요. 아이들은 한동안 잘 놀더군요. 그러더니 대판 싸웠는지 저한테 와서 서로 자기 편을 들어 달라는 거예요.

저는 그 이야기를 듣는 것만으로도 힘이 들어서 방에 가서 칠판에 그림을 그리라고 했어요. 무슨 문제로 싸웠는지 어떻게 하면 좋을지 그려보라고 한 거예요.

아이들은 제 말을 듣고는 순순히 방으로 가더니 칠판 가운데에 선을 긋고 그림을 그렸어요. 그런 다음 저한테 와서 보라고 하더군요. 이미 두 아이는 화가 가라앉은 상태였지요. 그림을 그리다 보니 자연스럽게 화가 풀린 거예요.

우리의 문제를 아빠가 해결해 줘요

초등학생인 제 딸들은 한 방에서 셋이 지내고 있어요. 그래서 만약 누군가가 친구를 데려오는 날에는 큰소리가 나게 마련이지요. 누가 양보를 해야 할 것인가를 놓고 싸우는 거예요. 그러다가 결국에는 제게 와서 하소연을 늘어놓아요.

저는 이번만은 딸들 싸움에 말려들지 않겠다고 마음먹었어요. 그래서 너희들끼리 해결책을 찾아보라고 말해 주었지요. 그 말을 들은 딸들은 방으로 돌아가더니 1분도 채 안 돼 돌아와서는 저에게 도움을 요청하더군요. 물론 저는 들은 척도 하지 않았지요.

"벌써 온 거야? 그렇게 중요한 문제를 1분도 얘기해 보지 않고 어떻게 해결책을 찾겠다는 건지 이해할 수가 없구나. 이건 누군가 친구를 데리고 왔을 때 자기 생활을 방해받지 않겠다는 건데 어떻게 그 짧은 시간에 해답을 찾을 수 있겠니?"

"아빠, 아빠가 알아서 교통 정리해 주세요."

"좀 더 이야기해 보라니까!"

"우리끼리 이야기하면 시간이 엄청 걸린다고요!"

"시간이 걸리는 건 당연해. 금세 해결될 문제는 아니라고 본다. 생각할 것들이 좀 많겠니? 하지만 아빠는 반드시 너희들 스스로 해결할 수 있을 거라고 믿어."

아이들은 다시 방으로 갔어요. 그날 진지하게 이야기를 나누는 듯 했지만 해답을 찾지는 못한 것 같았어요. 하지만 2주가 지난 지금 보니까 예전처럼 싸움으로 번지지는 않아요. 누군가 친구를 데리고 오면 자리를 피해 주거나, 아니면 방에 같이 있어도 되는지 묻는다고 하더군요. 제가 보기에는 딸들이 대단한 일을 해낸 거라고 봐요.

공평한 방법을 찾았어요

지난주에 있었던 일이에요. 일곱 살짜리 딸과 네 살 난 아들, 그리고 딸 친구를 차에 태우고 가는 중이었어요. 두 여자애들은 초콜릿을 두 개씩 갖고 있었는데 아들은 하나도 없었지요. 아무도 자신에게 초콜릿을 주지 않자 아들이 울기 시작하더군요. 그러자 딸애는 자기가 초콜릿을 동생한테 하나 주면 친구는 두 개고 자기는 한 개라서 주지 않겠다는 거예요. 그래서 제가 말했지요.

"다시 한 번 생각해 봐. 그럼 아주 공평한 해결책을 찾을 수 있을 거야."

그리고 1분도 되지 않아 딸애가 해결책을 찾았다며 큰소리로 말하더군요.

"엄마, 알아냈어요. 저는 엄마한테 하나 주고 친구는 동생한테 하나 주면 돼요. 그러면 하나씩 갖게 되니까 아주 공평한 거예요."

우리끼리 문제를 해결할 수 있어요

얼마 전 시누이가 애들을 데리고 우리 집에 놀러 왔어요. 저는 여태껏 배운 것들을 시험삼아 자랑하고 싶었어요. 사실 시누이는 부모 교육 모임에 회의적이었거든요.

그날 여섯 살 난 조카 찬이가 우리한테 쪼르르 달려오더니 일곱 살 난 제 딸 소민이가 자기한테 스파이더맨을 시켜주지 않는다고 이르더군요. 저는 이렇게 말했어요.

"찬아, 누나가 네 말을 안 들어줘서 속이 많이 상했겠구나. 너희 둘 다 스파이더맨이 되고 싶은 거지? 그럼 누나와 잘 얘기해 봐. 분명히 방법이 있을 거야."

그 말이 끝나기가 무섭게 시누이가 이렇게 말하더군요.

"찬이가 소민이한테 양보하겠죠. 걔는 매번 그러잖아요."

저는 가만히 듣고만 있었어요. 그런데 아이들은 5분도 안 돼 신이 나서 달려왔어요. 둘 다 스파이더맨을 하기로 했다는 거예요. 네 살 난 찬이의 동생과 다섯 살 된 우리 작은애도 자기들이 좋아하는 역할을 하기로 했대요. 시누이는 어떻게 어른들이 개입하지 않았는데도 자기들끼리 문제를 해결했는지 정말 놀랐다고 하더군요.

호루라기 소리가 나면 험담을 멈춰야 해요

이런 말들을 하잖아요. "10년 전에 알았다면 얼마나 좋았을까." 아이들 문제도 그런 것 같아요. 어렸을 때 바로잡았으면 훨씬 좋았을 텐데, 십대가 되어서 하려니 어려운 일이 많더라고요. 그래도 아직 늦지 않았다고 생각하며 시도해 보았어요.

우리 집 저녁 식사 시간은 서로 헐뜯기 대회를 하는 시간이에요. 아이들끼리 서로 헐뜯느라 밥이 어디로 들어가는지 모를 지경이지요. 제가 아무리 주의를 줘도 소용이 없어요.

그런데 지난 주 모임을 하고 나서 저는 전술을 바꿔야겠다고 마음먹었어요. 누구든 먼저 험담을 꺼낸다면 바로 차단해 버리는 걸로요.

"그만! 그런 말은 더 이상 하지 마!"

"넌 입에 담지 못할 소리를 잘도 하는구나."

그러고 나서 즐거운 이야기를 하지 않으려면 아예 입을 다물고 밥만 먹으라고 했어요. 덧붙여 내일 식사 시간에는 우리가 즐겁게 얘기할 만한 주제들을 준비해 오라고 했지요. 저는 이번만은 집안 분위기를 반드시 바꾸겠다고 단단히 마음먹었어요.

다음 날 저녁 저는 호루라기를 목에 걸고 식탁에 앉았어요. 예전에 체육 교사 시절에 쓰던 거였죠. 아이들도 처음에는 특별할 것 없이 서로 이야기를 나누며 식사를 했어요. 그런데 조금 지나니까 한 아이가 비아냥거리는 말을 하는 거예요. 당연히 호루라기를 불었죠. 아이들은 처음에는 어리둥절해하더니 금세 제 행동을 이해했는지 한바탕 웃더군요. 상황이 그러니 아이들이 점잖게 밥을 먹을 수밖에요.

부모의 작은 개입만으로도 아이들의 싸움이 끝날 때가 있지만, 때론 부모의 입에서 "너 같은 아이 낳아서 길러봐야 내 심정을 알지!"라는 말이 나올 만큼 지독하게 싸우는 경우도 있다.

다음은 부모가 아이들 사이에 적극적으로 개입해서 중재를 한 사례다.

오늘 정말 힘든 하루였다고요

지난 수요일 오후였어요. 아이들이 학교 끝나고 집으로 돌아왔는데 재형이가 속이 안 좋아서 점심을 못 먹었다고 하더군요. 조금 시간이 흐르자 재형이가 이제는 괜찮아졌다고 해서 간단한 식사를 챙겨주었어요.

점심을 먹은 재형이는 동생이랑 같이 밖에 놀러 나갔어요. 그런데 둘 다 5분도 안 돼 씩씩거리며 들어오는 거예요. 동생 준형이는 저를 보더니 막 울음을 터뜨렸고요.

"너희들 왜 싸우니?"

"준형이가 제 머리를 때리잖아요!"

"형, 내가 일부러 그런 게 아니야. 형이 맞을 줄 몰랐다고!"

"아냐, 넌 일부러 그랬어."

아이들이 또다시 제 앞에서 서로를 밀치며 싸웠어요. 저는 아이들을 떼어놓으며 말했지요.

"자, 자, 그만해. 무슨 일이 있어도 서로 때려서는 안 돼. 너희들 여기 앉아 봐. 무슨 일인지 엄마한테 차근차근 말해 봐."

"말하고 싶지 않아요."

재형이가 퉁명스럽게 말하더군요.

잠시 후 재형이는 준형이가 도서관에서 빌려온 책을 읽기 시작했어요. 그걸 준형이가 보고는 잡아챘고 재형이는 책을 꽉 붙들고 놓지 않았어요.

"왜 그래? 지금 내가 보고 있잖아."

"내 책이야!"

"네 책이라고? 이건 도서관에서 빌려온 거잖아! 그러니까 네 책

아냐!"

"하지만 내가 빌려온 거잖아!"

저는 또다시 아이들 싸움에 간섭해야 했어요.

"또 시작이구나. 지금 책 한 권을 가지고 서로 갖겠다고 싸우는 거지?"

"이건 제가 도서관에서 빌려온 책이니까 제 책이에요. 형이 날 때렸으니까 못 읽게 할 거예요."

"네가 먼저 날 때렸잖아!"

"모르고 그런 거라고 했잖아! 세게 때린 것도 아닌데 자꾸 왜 그래, 형?"

"거짓말! 이렇게 세게 때렸잖아!"

재형이가 준형이의 머리를 때리려고 하자 준형이가 피하면서 스케치북으로 재형이를 건드렸어요.

"이렇게 살짝 스친 것뿐이라고!"

재형이는 준형이의 스케치북을 뺏더니 주먹을 휘두를 태세였어요. 제가 얼른 끼어들었죠.

"재형아, 네가 많이 화가 난 것 알아. 하지만 지금은 2층으로 올라가는 게 좋겠다. 동생이랑 같이 있어 봤자 싸움만 계속될 것 같구나."

"싫어요. 저도 준형이를 때릴 거예요."

"재형아, 엄마가 때리는 건 안 된다고 했지? 2층에 가든지 아니면 화가 난 이유를 엄마한테 말하든지 둘 중 하나를 택해."

재형이는 2층으로 올라가는 듯하더니 다시 내려와 말했어요.

"엄마, 준형이가 머리를 세게 때려서 아파요."

"머리가 아프다고?"

"네, 학교에 있을 때부터 머리가 아팠어요."

"왜, 무슨 일 있었어?"

"네, 음악 선생님이 갑자기 저를 야단치셨거든요."

그 말을 듣자 저는 모든 게 이해가 되었답니다.

"오늘 정말 힘든 하루였구나. 속도 아팠고 점심도 먹지 못했고 음악 선생님한테 혼까지 났고……."

"그것뿐만이 아니에요. 친구들이 합심해서 저를 놀렸다고요. 완전 바보가 된 기분이었어요."

재형이는 그날 학교에서 얼마나 힘든 일이 있었는지 빠짐없이 말했어요. 듣고 보니 아이가 얼마나 힘든 하루를 보냈을지 짐작이 가더라고요. 제게 모든 걸 털어놓은 아이는 그제야 편안해 보였어요. 그날 오후 아이들은 사이좋게 지냈답니다.

우리 둘이 합의점을 찾았어요

남편과 저는 각각 아들이 하나씩 있는 상태에서 재혼했어요. 나이가 비슷한 애들은 처음에 한 방을 써야 한다고 하니까 싫어하더군요. 따로 방을 쓰던 애들이었으니 당연한 일이지요.

하루는 아이들 방에서 음악 소리가 크게 들리는 거예요. 그런데 두 개의 스피커에서 하나는 재즈 음악이 흘러나왔고, 하나는 록 음악이 흘러나와 완전 불협화음이었어요. 더 이상 들어줄 수 없던 저는 문 앞에 서서 소리쳤지요.

"소리 좀 줄여줄래?"

그랬더니 둘 다 소리를 줄이더군요.

하지만 하루도 채 지나지 않아 다시 음악 소리가 진동했어요. 하나는 mp3를 통해 록 음악이, 다른 하나는 시디플레이어를 통해 재즈 음악이 흘러나왔어요.

저는 "음악 소리 좀 줄여줘!"라는 쪽지를 비행기로 접어 날려 보냈어요. 잠시 조용해지는가 싶더니 금세 귀청이 찢어질 것 같은 소리가 다시 진동했지요.

그래서 저는 '한번에 한 가지 음악 틀기'라는 규칙을 정해서 아이들에게 지키라고 했어요. 그러자 다시 각자 좋아하는 음악을 틀겠다고 전쟁이 일어났어요. 물론 상대방의 음악은 형편없다고 헐뜯으며 공격하는 것도 빼놓지 않고 말이죠.

잠을 자야 할 시간, 아이들이 또다시 싸우는 거예요. 서로 좋아하는 음악을 틀고 자겠다고 주장하면서요. 그래서 저는 아무도 틀지 못하게 했어요. 당연히 아이들은 불평을 해댔지요.

다음 날 다시 음악 전쟁이 벌어졌어요. 저는 애들 방으로 가서 mp3와 시디플레이어를 가지고 나와 제 장롱에 넣고 문을 잠갔어요. 아이들이 뛰어와 항의했지만 저는 담담하게 말했어요.

"너희가 이 문제를 해결하지 않으면 이것들을 절대 돌려주지 않을 거야."

그 후로 3일은 평화롭게 지냈어요. 그동안 저는 방이 부족해서 생긴 문제를 어떻게 해결해야 할지 고민했습니다. 지하실에 방이 하나 있긴 한데, 온갖 잡동사니들로 빼곡히 차 발 디딜 틈조차 없는 데다가, 아이들의 감정은 나빠질 대로 나빠지고 있으니 더 걱정이었지요.

곰곰이 생각한 끝에 먼저 아이들이 자신들의 감정을 발산해야 한다는 데 생각이 미쳤습니다. 저는 모임이 있을 때마다 적어둔 메모들을 보고 남편과 상의한 다음 가족회의를 열었어요. 아이들은 저희 부부 눈치를 보며 회의에 참석하더군요.

먼저 저는 왜 가족회의를 여는지 간단하게 설명한 다음 현재 각자가 갖고 있는 불만에 대해 말해 보라고 했어요. 아이들은 서로 눈치를 보며 망설이더니 일단 입을 열자 놀랄 정도로 많은 말들을 쏟아냈습니다.

"지금까지 방을 혼자 써왔잖아요. 쟤랑 같이 방을 쓰는 게 너무 싫어요."

"저는 남의 집에 온 것 같은 기분이 들어요."

"저 혼자 뭘 생각할 수가 없어요. 그런 제가 불쌍해요."

"쟤는 모든 게 저랑 달라요. 저는 털털한데 쟤는 까탈스러워요."

"전에는 먹고 싶은 대로 먹었는데 쟤가 온 뒤로는 쓸데없는 규칙들이 많아졌어요."

"아빠를 쟤한테 뺏기기 싫어요. 그리고 왜 쟤랑 뭐든 늘 같이 해야 하죠?"

아이들의 불만은 예상 외로 많고 강력했어요. 저는 어떻게 해야 할지 몰라 남편에게 도움의 눈빛을 보냈어요. 남편도 어깨를 들썩이며 무척 난감해했지요. 그러다가 남편이 비로소 입을 열었습니다.

"너희들 얘기 잘 들었다. 엄마 아빠는 너희들이 한 말을 진지하게 받아들일 생각이다. 대신 너희들도 내일 아침까지 지금 한 말을 잘 생각해 봤으면 좋겠구나. 그런 다음 다시 이야기해 보자."

저는 볼일을 보러 밖으로 나갔고 남편은 검토할 서류가 있다고 방으로 들어갔어요. 세 시간쯤 지나서 제가 집에 돌아와 보니 지하실 쪽에서 무슨 소리가 들리더라고요. 그래서 지하실에 내려갔더니 아이들이 와 보라며 소리를 질렀어요. 지하실로 내려간 저희 부부는 입을 벌린 채 다물지 못했답니다.

지하실 방이 깨끗이 치워져 있는 거예요. 잡동사니들은 구석 쪽에 차곡차곡 쌓여져 있고 방은 완전히 음악실로 꾸며져 있었어요. 가운데에는 매트를 깔고 한쪽 구석에 놓인 탁자 위에는 오디오와 시디플레이어, 다른 쪽 구석에는 앰프와 기타가 놓여 있었지요.

우리는 놀라서 말을 잇지 못했어요.

"세상에! 너희 둘이 이렇게 만들었다는 거니? 너희 둘이?"

"아빠, 이곳이 제 음악실이에요."

종석이가 말하자 정민이가 이어서 말했어요.

"종석이는 록 음악을 좋아하니까 여기가 편하대요. 저는 누워서 조용하게 듣는 걸 좋아하니까 침대방이 필요하고요."

정민이는 자기 방으로 가서 오디오를 틀었고, 종석이는 기타를 치겠다고 하더군요. 우리 부부는 뿌듯하고 행복한 마음으로 거실로 돌아왔어요. 얼마나 오래 갈지는 의문이지만 그 순간만큼은 행복했답니다. 우리 아들들이 정말 대견하지 않나요?

다른 사람을 존중하고 배려하는 집안에서 자란 아이들이 만드는 세상,
아이들이 자신의 분노를 건전하게 표출하도록 배우는 세상,
아이들 하나하나를 관계 속에서 규정짓지 않고 한 인격체로 바라보는 세상,
경쟁에 찌든 아이가 아니라 협력과 상생을 배운 아이들이 만드는 세상,
아무도 역할의 굴레를 씌우지 않는 세상,
아이들이 서로 다르다는 걸 인정하는 세상은 어떨까?
이런 아이들이 자라서 만들어낼 세상은 얼마나 아름다울까?

PART 7
늦지 않았다, 지금이라도 형제 관계가 좋아질 수 있다

어린 시절의
잘못된 형제 관계는
평생 상처로 남는다

부모 교육 모임의 과정이 모두 끝나고 한두 달 지나 부모들을 다시 만났을 때 더욱 속 깊은 이야기를 주고받았다. 얼마 전에는 어느 어머니가 이런 이야기를 들려주었다.

어릴 적 저희 어머니는 항상 언니와 저를 비교하셨어요. 언니를 본받으라고 하시면서요. 그런데 부모 교육 모임에 참여하면서 저뿐만 아니라 언니도 상처를 받았을지 모른다는 생각이 들었어요. 그래서 평소에 통 연락을 하지 않는 언니에게 전화를 걸었지요. 어색할까 걱정했는데 언니가 반갑게 전화를 받아주더군요.
안부 인사가 끝나자 제가 부모 교육 모임에 다니고 있고, 어렸을 때 일이 떠올랐다고 하면서 물었어요. "혹시 언니, 엄마가 우리에게 어떤 역할을 부여하셨던 건 아닐까?" 언니는 그런 생각은 해본 적이 없다고 했어요. 다만 어린 시절에 늘 모범이 되어야 한다는 강박감 속에서 살긴 살았다고 하더군요. 그런 다음 이런 말을 했어요. "엄마가 우릴 떼어놓기 위해 저러시는 건 아닐까?" 하는 의심이 들 때도 있었다고요.

또 언니는 나와 사이가 좋으면 엄마가 자신을 미워하지 않을까 하는 걱정도 했다더군요. 언니는 늘 칭찬의 대상이고 저는 늘 핀잔의 대상이었으니까요.

언니의 말을 들으니 언니도 안됐다는 생각이 들었어요. 그래서 언니한테 이렇게 말했지요. "언니, 언니한테 내가 정말 끔찍한 애였겠네." 그러고는 저 때문에 엄청난 부담을 안고 살았겠다는 말을 덧붙였답니다.

그런데 그 말을 들은 언니가 갑자기 울음을 터뜨렸어요. 처음이었어요. 당장이라도 달려가 위로하고 싶었지만 다른 도시에 있으니 불가능했지요. 그래서 수화기에 대고 이렇게 말했어요. "언니, 울지 마. 내가 지금 언니 안고 있는 거 알지?" 그랬더니 언니도 저한테 자기 때문에 고통을 받게 해서 미안하다고 하더군요. 그리고 전화를 걸어준 것에 대해 정말 고맙다고 했어요. 만일 이런 전화가 없었다면 우리는 평생 서로를 이해하지 못했을 거라고 하면서요. 이번에는 제가 눈물을 흘리기 시작했답니다.

이처럼 부모가 형제자매를 떼어놓는 경우도 종종 있다. 어느 아버지는 이런 이야기를 들려주었다.

우리 아버지도 큰형을 저희들에게서 떼어놓으려고 하셨어요. 큰형은 반항아였거든요. 아버지는 보수적인 집안에서 자란 분이라 그런 형과 사사건건 부딪쳤어요. 형과 아버지가 완전히 틀어진 건 형이 열아홉 살 때 아버지 가게에서 돈을 훔쳐 달아났을 때예요. 그 뒤론 아버지가 형을 보지 않으셨어요. 돌아가실 때까지도요. 어머니와 제가 형을 용서하자고 했지만 아버진 꿈쩍도 안 하셨어요.

그후로 형을 만난 건 아버지 장례식 때였어요. 집을 나간 지 거의 8년 만이었지요. 그 후로 생일이나 명절 때는 형을 오라고 하고 싶었지만 동생이 반대했어요. 형과 어떤 식으로든 엮이고 싶지 않다면서요. 그래서 너무나 안타까웠어요. 당장 다음 달에 우리 아들 돌잔치가 있는데 형을 부르고 싶어요. 형에게 잘못이 없는 건 아니지만, 그렇다고 아예 담을 쌓고 살 것까진 없잖아요. 저는 조카들 얼굴도 몰라요. 우리 애들 역시 형네 부부를 본 적이 한 번도 없어요. 사촌들끼리 만나지도 못하고, 이게 뭡니까?

동생하고 다시 한 번 말해 봐야겠어요. 형이 있다는 것 자체가 축복인데, 그걸 무시하면 안 될 것 같아서요. 우리가 형을 사랑으로 받아들이는 게 올바른 해법 아닐까요? 제 아들 돌잔치에 온 가족이 모여서 웃음꽃을 피웠으면 좋겠어요. 그럼 다시 완전한 가족이 될 거예요.

언니한테 정서상 문제가 있었다는 한 어머니는 이런 말을 했다.

제 경우에는 언니와 이야기하는 게 별 의미가 없는 것 같아요. 지난번에 모임이 끝나고 언니와 대화 좀 해보려고 전화를 했는데 저한테 마구 화를 내는 거예요. 제가 언니에 대해 이상한 얘기를 했다면서요.

사실 저는 엄마와 이야기를 나누고 싶었어요. 이 모임에 참석하면서 많은 걸 깨달았거든요. 그래서 모임이 끝나면 엄마한테 그 긴 세월 동안 제가 어떤 마음으로 살았는지 말하고 싶었답니다. 제가 엄마한테 하고 싶었던 말은 언니 때문에 집안 분위기가 살얼음 같아 원망스러웠다는 거였어요. 아버지와 엄마는 오로지 언니에게만 매달려 제가 어떤지는 살펴볼 여유가 없으셨어요. 아니, 알려고도 하지 않으셨지요. 그래서 저는 엄마에게 사랑받는다는 느낌을 한 번도 받아본 적이 없었거든요.

엄마를 만나 제가 느끼는 감정을 이야기했습니다. 그랬더니 엄마는 이해할 수 없다고 하시더군요. 저처럼 완벽하고 사랑을 많이 받은 애가 그런 소리를 한다고요. 그래서 제가 말했어요. "엄마, 엄마는 예나 지금이나 똑같아요. 제가 지금 무슨 말을 하는지 들으려고도 하지 않으시잖아요! 언제나 저를 그림자 취급하셨죠." 그러자 엄마는 옛날 고릿적 이야기를 또 하시더군요. 당시 젊은 나이에 정상이 아닌 아이를 키우느라 얼마나 힘들었는지를요. 언니가 불안 증세를 보이면 시도 때도 없이 병원으로 달려가야 했다는 둥 시시콜콜 언니 이야기만 또 하셨어요.

사실 그 이야긴 귀에 못이 박일 정도로 들었거든요. 더 이상 듣고 싶지 않아서 엄마한테 간절히 부탁했어요. "엄마, 제발 제 말 좀 들어보세요. 엄마 이야기는 수도 없이 하셨잖아요. 제가 이야기하고 싶은 건 제가 그때 어떤 마음이었는지 아시냐는 거예요."

그랬더니 엄마가 저를 물끄러미 보시고는 말을 해보라고 하시더군요. 그때부터 저는 쌓였던 것들을 모조리 쏟아놓았어요. 까마득히 잊어버렸던 '넌 역시 듬직하구나.' '한 명이라도 정상인 게 얼마나 다행이니?' '너 없었으면 정말 엄마는 어쩔 뻔했니?' 라는 말들을 모두 상기시켜 드렸지요. 때로는 저도 반항이란 걸 해보고 싶어서 5학년 때 학교에 결석한 것과 학예회 때 피아노를 치지 않겠다고 했을 때 엄마가 '너답지 않다.'고 야단쳤던 것까지도 말했어요.

사실 엄마의 관심은 오로지 언니뿐이었어요. 그러니 제가 어떻게 자존감이 있겠어요. 저는 엄마한테 '항상 착할 수는 없단다. 아무리 노력해도 완벽할 수 없는 게 인간이야. 그리고 엄마를 기쁘게 하려고 너무 애쓰지 마라. 아이는 아이답게 덤벙거리기도 하고 버릇없이 굴 수도 있고 말괄량이처럼 행동할 수도 있단다. 그렇다 해도 엄마는 널 사랑해.' 라는 말을 얼마나 듣고 싶었는지 모른다는 말도 했어요.

엄마는 제 말을 들으면서 말없이 눈물을 흘리셨어요. 하지만 봇물처럼 터진 제 입은 닫힐 줄을 몰랐지요. 사실 말을 멈출 수가 없었어요. 전부 다 쏟아내자 엄마가 나직이 말씀하셨어요. "네가 그런 줄은 정말 몰랐구나. 이제 와서 내가 무슨 말을 하겠니……." 저는 엄마에게 아무 말 하지 않으셔도 된다고 했어요. 그냥 제 속마음을 털어놓고 싶어서 그런 거라고 했지요.

그랬더니 놀랍게도 그동안 내내 응어리져 제 가슴을 짓눌렀던 것들이 풀어졌어요. 저는 엄마를 끌어안으며 말했어요. "엄마가 언니 때문에 얼마나 마음 고생했는지 다 알아요." 그때 엄마와 저를 가로막던 벽들이 완전히 허물어졌다는 걸 깨달았답니다.

서로를 이해하게 되면 이처럼 빨리, 자연스럽게 서로를 용서하게 된다. 쌓여 있던 한을 털어버렸을 때의 홀가분함이란 이루 말할 수 없지 않은가! 그녀의 어머니는 단지 그녀의 이야기를 들어주는 것만으로도 그동안 켜켜이 쌓였던 한을 풀어준 것이다.

그때 다른 어머니가 말했다.

저 같았으면 절대로 그런 말을 못했을 거예요. 제 어머니는 감정이 무딘 분이시거든요. 저도 어렸을 때 받은 상처에 대해 어머니와 이야기를 나눠 보려고 했어요. 동생한테 주눅이 들어 살았던 이야기를요. 제 동생은 황태자처럼 대접을 받으며 컸거든요. 제가 말을 꺼내려 하자 어머니는 "넌 뭐든 문제를 찾아내서 짚고 넘어가야 직성이 풀리지."라고 말씀하시더군요.

그래서 제가 "엄마, 다쳤을 때 아프다고 하는 게 문제라니요? 침대 모서리에 발가락이 부딪혔다면 아프다고 소리를 지르는 게 정상 아닌가요?"라고 말했지요.

그랬더니 어머니는 자기 같았으면 '조심 좀 할걸!' 하고 그냥 넘어갔을 거래요. 그런 어머니인데 어떻게 저를 이해해 달라고 하겠어요? 그래도 가끔은 어머니를 흔들어놓고 싶을 때가 있어요. 어머니는 입버릇처럼 자식들이 우애 있게 지내길 바란다고 말씀하셨지만, 정작 우리 사이가 벌어지게끔 행동하셨지요.

그런데 재밌는 것은 한 번도 전화한 적이 없던 제 남동생이 첫

애를 낳더니 갑자기 전화를 한 거예요. 조언을 구한다면서요. 다행이라면 다행이죠. 만일 우리 남매 사이가 좋아진다 해도 그건 어머니 덕분이 절대로 아니에요. 어머니는 아이들의 마음에 관해서는 전혀 헤아릴 줄 모르셨어요.

쌍둥이였던 한 아버지는 어릴 때 형한테 많이 맞곤 했는데, 그럴 때마다 부모님이 못 본 척해서 힘들었다고 하면서 이런 말을 했다.

아마도 저희 부모님은 사내아이니까 그 정도는 싸우면서 자라야 한다고 생각하셨나 봐요. 어쩌면 '형제끼리 설마 해치겠어?'라는 생각을 하셨는지도 모르고요.

문제는 여덟 살 난 아이가 무방비 상태로 맞을 때 부모가 나서 주지 않는다면 아이는 엄청난 상처를 받는다는 거지요. 물론 아이가 자기 나름대로 살아남을 방법을 강구하겠지만 말이에요.

형은 저보다 5분 먼저 태어난 것뿐인데, 몸무게가 제 두 배나 나갈 만큼 몸집이 훨씬 컸어요. 어릴 때는 형의 몸집이 크다는 사실을 별로 의식하지 않고 항상 맞장을 떴지요.

이를테면 제가 텔레비전을 보고 있는데 형이 늦게 들어와서 채널을 돌리면 저도 가만히 있지 않고 다시 제가 보던 채널로 돌렸어요. 그러면 그때부터 싸움이 벌어지는 거예요. 형은 저를 올라타고 앉아선 제가 항복할 때까지 마구 때렸어요. 그 다음부터는 형이 들어와 채널을 돌리면 저는 밖으로 나올 수밖에 없었죠.

때로 어머니는 형의 횡포를 막으려고 하시긴 했어요. 형을 야단치고 저만 방으로 데려가기도 했고요. 그래도 우리끼리의 싸움은 우리끼리 해결해야 된다는 생각을 바꾸지는 않으셨어요.

하루는 어머니가 커다란 곰인형을 사오셨는데 동생을 때리고 싶을 땐 이 곰인형을 때리라고 형한테 말씀하시더군요. 하지만 곰인형이 생기자 형은 저와 곰인형을 번갈아 때렸고 전보다 더 폭력적으로 변했어요.

중·고등학교에 다닐 때 형은 만능 스포츠맨이기도 했어요. 축구, 하키, 야구 등 못하는 운동이 없었지요. 어떤 운동을 하든 형은 상대를 금방이라도 죽일 태세로 싸웠어요. 상대의 코를 납작하게 만들어놔야 직성이 풀렸거든요. 반대로 저는 운동을 싫어했어요. 고등학교 다닐 때는 운동 대신 친구 사귀는 데 신경을 썼고, 친구가 싫어하는 일은 하지 않았지요.

당시 우리 집에서는 저녁 식사 때 대화하는 걸 중요하게 여겼어요. 그날 일어났던 일에서부터 책, 스포츠, 정치 등등 어떤 얘기든 형이 늘 주도권을 잡았지요. 혹시 제가 좀 끼어들기라도 하면 형은 금세 저를 바보 같다면서 무시했어요.

부모님은 형의 얘기에 빠져서 그런 걸 눈치채지 못하셨어요. 그래서 저는 그냥 웃음으로만 일관했죠. 그때 배운 게 촌철살인의 유머예요. 그것만이 유일하게 형한테 맞설 수 있는 무기였지요. 물론 형의 약점을 잘 알고 있는 저는 그것을 가끔 사용했고요.

지난 달 부모 교육 모임이 끝나고 났을 때예요. 형을 만나야겠다는 생각이 자꾸만 들더군요. 그래서 전화를 걸었고 형과 점심 약속을 잡았어요. 그리고 장장 3시간 동안이나 점심을 먹었어요.

형이 먼저 말문을 열었어요. 저 때문에 자기 인생이 엉망이었다고요. 형은 부모님이 저를 더 좋아해서 용서할 수 없었다고 말하더군요. 저와 어머니는 늘 자연스럽게 친밀한 관계가 형성되었지만, 형은 왠지 껄끄러웠대요. 어머니가 저를 감싸고도는 대신 자기를 한 번도 진심으로 이해해 주지 않았다는 거예요. 그러면서 어렸을 때를 돌아보라고 하더군요. 모든 사람들의 시선이 저한테만 머물렀대요.

형은 이렇게도 말했어요. "넌 작고 귀여워서 사람들이 너만 안아주고 싶어 했어. 우린 한 배에서 태어났는데 어쩜 그렇게 달랐을까? 난 덩치만 크고 멍청한 우량아였지만 넌 귀여운 강아지처럼 사람들의 사랑을 독차지했지." 그래서 형은 늘 외롭고 부끄러웠대요. 유치원 다닐 때부터 그랬다는 거예요.

심지어 고등학교 때는 제가 성격이 좋아서 친구들도 많고 집으로 데리고 오기까지 했지만, 자기는 마음을 털어놓을 친구가 한 명도 없었다는 거예요. 그 말을 들은 저는 그게 아니라며 예전 일을 상기시켰어요. 형은 공부도 잘하고 운동도 잘해서 부모님이 침이 마르게 칭찬한 사실을요.

그랬더니 형은 "그렇게 말한다고 달라지는 건 없어. 부모님의 귀여움을 독차지한 건 너였으니까."라고 말하더군요. 저는 그래서 나를 개 패듯이 팼냐고 물었어요. 형은 항상 화가 나 있어서 저한테 분풀이를 하지 않으면 가라앉지 않았다고 하더군요.

형에게 또다시 물었죠. "만일 어머니가 내 편을 들지 않았다면 그렇게 안 때렸을까?" 그랬더니 그랬을 거래요. 그러면서 저한테 말하더군요. 아마 저도 형과 어머니가 잘 통했으면 질투심을 느꼈을 거라고요.

그래서 제가 말했지요. "차라리 그랬으면 좋았을 텐데. 그럼 형한테 덜 맞았을 거 아냐."

그러고 나서 우리는 둘 다 서로에게 얼마나 큰 상처가 되었는지, 형이 저를 때린 거나 제가 형과 맞선 방식이나 서로에게 상처가 되기는 마찬가지였다는 사실을 깨달았어요.

헤어질 때쯤 되자 이상하게도 우리는 둘 다 마음이 후련해지는 것 같았어요. 또 잃어버린 반쪽을 찾은 것처럼 완전해진 느낌도 들었고요. 우리는 둘 다 꽤 괜찮은 사람들이에요. 우리가 그랬던 것은 우리가 못돼서 그런 건 아니었어요. 꽤 괜찮은 사람들이 형제가 되기 위한 통과의례였던 셈이지요. 부모님도 어쩌면 최선을 다하신 분들이라는 생각이 그제야 들더군요.

아주 어린 시절부터 크나큰 고통을 안겨준 형제 관계일지라도 서로 속 깊은 이야기를 털어놓음으로써 회복되는 놀라운 치유 능력에 사람들은 경의를 표했다.

나는 이렇게 생각했다.

'다른 사람을 존중하고 배려하는 집안에서 자란 아이들이 만드는 세상, 아이들이 자신의 분노를 건전하게 표출하도록 배우는 세상, 아이들 하나하나를 관계 속에서 규정짓지 않고 한 인격체로 바라보는 세상, 경쟁에 찌든 아이가 아니라 협력과 상생을 배운 아이들이 만드는 세상, 아무도 역할의 굴레를 씌우지 않는 세상, 아이들이 서로 다르다는 걸 인정하는 세상은 어떨까? 이런 아이들이 자라서 만들어낼 세상은 얼마나 아름다울까? 그들의 미래는? 이런 아이들은 더불어 사는 법을 알 뿐만 아니라 서로에게 상처를 주지 않고도 문제를 해결해 나갈 수 있겠지. 거기에 필요한 방법과 의지도 갖추고 있을 테고. 그들이라면 병든 관계로 만연한 이 세상을 분명히 구할 수 있을 거야!'

어린 시절의 형제 관계는
서로의 삶에
계속 영향을 끼친다

형제 관계에 대한 주제로 방송 출연을 했을 때 많은 사람들이 연락을 해왔다. 나는 형제자매들이 서로의 삶에 엄청난 영향을 미치고 있다는 사실에 큰 충격을 받았다. 그중 몇 가지를 소개하면 다음과 같다.

제가 둘째를 갖지 않기로 한 건 순전히 제가 커온 환경 때문이에요. 우리 집 식구들이며 친척들, 또 만나는 사람들은 언니를 그림자 취급하고 저만 예뻐했지요. 제가 재능 있고 예쁘다면서요. 그래서 제 자식은 절대로 그런 일을 겪게 하고 싶지 않아서 둘째를 낳지 않았어요.

저는 형을 따라잡으려고 노력했지만 결국 포기했어요. 우리 부모님은 아주 어렸을 때부터 저희 형제를 경쟁 상대로 키웠어요. 축구 코치셨던 아버지는 모든 일에서 상대를 꺾어야 한다고 생각하셨거든요. 그걸 형은 받아들였고 저는 그러지 못했어요.

요즘도 전화를 하면 형은 여느 사람들처럼 어떻게 지내냐고 안부를 묻지 않아요. 대신 새 차를 샀다는 둥 골프채를 바꿨다는 둥 이런 식으로 말해요. 마치 '넌 날 따라오려면 멀었어.'라는 느낌을 풍기면서 말예요.

저희 세 자매는 연년생이에요. 그래서 그런지 유난히 질투가 많았던 것 같아요. 가끔 우리는 엄마한테 누가 제일 예쁘냐고 물었지요. 엄마의 대답은 늘 한결같았어요. "너희들은 세 마리 아기 곰처럼 똑같이 예뻐."

그런데 이 말이 상처가 되었어요. 결국 우리는 아기 곰처럼 별로 특별할 것 없는 존재들이라는 말이잖아요. 자신을 이렇게 생각하는데 험한 세상을 어떻게 헤쳐 나갈 수 있겠어요.

아버지는 저를 부를 때 항상 '똑똑한 내 아들'이라고 부르셨어요. 공부를 못하는 동생한테는 '사교적인 내 아들'이라고 부르셨고요. 사실 저는 그 말을 곧이곧대로 믿었어요. 그래서 사회적인 관계를 맺을 때도 적극적이지 못하고 뒷전을 맴돌았지요.

그런데 30대가 된 저는 아버지 말씀이 틀렸을 수도 있다는 생각을 해요. 많은 사람들이 저를 좋아하거든요.

요즘 저는 여러 가지 생각들을 하게 돼요. 아버지 말씀 때문에 동생이 학교를 그만둔 건 아닌지, 그래서 동생이 저만 보면 못 잡아먹어 안달이 난 것은 아닌지……

만일 그렇다면 정말 화가 나는 일이죠. 왜 우리 아버지는 자식들의 능력을 한 가지로만 규정하셨을까요? 왜 두 아들 다 똑똑하고 사교성이 있다고 안 하셨을까요? 그 말이 우리에게 얼마나 많은 영향을 끼친다는 걸 모르신 걸까요?

얼마 전에 저는 언니한테 용기를 내서 말했어요. 마흔두 살인 언니는 저를 보면 아직도 착한 척한다고 비꼬거든요.

하지만 저는 언니한테 '언니, 난 언니가 아름답다고 생각해. 또 언니가 내게 얼마나 필요한 존재인지도 알아. 난 어렸을 때 엄마 아빠가 했던 말들 때문에 우리 사이가 멀어지는 건 원치 않아.'라고 말해주고 싶어요.

어른들뿐만 아니라 아이들도 내게 연락을 했다. 한 소녀는 오빠가 자기를 먼저 건드리는데 혼나는 건 자기라고 하면서 불평을 쏟아냈다.

엄마 아빠는 제가 동생이라는 이유로 무조건 참아야 한다고 생각하시는 것 같아요. 이런 불공평한 대우를 받으며 더는 살고 싶지 않아요. 가출이라도 하고 싶다니까요!

또 다른 소녀는 엄마 아빠가 외출할 때 자기를 돌봐주라고 언니한테 부탁하면 언니는 돌보기는커녕 밖으로 내쫓았다가 엄마 아빠가 들어올 때쯤 집으로 들어오게 한다고 하소연했다.

언니는 제가 정말 꼴도 보기 싫은가 봐요. 어떻게 매번 내쫓을 수 있죠? 이런 언니는 저도 필요 없어요.

다음은 열네 살 된 남자아이가 말한 것이다.

형과 저는 날마다 죽기 살기로 싸워요. 만일 한 방에 가두고 다음 날 문을 열어보면 우리는 둘 다 죽어 있을 거예요.

독자들로부터 많은 편지를 받기도 했다. 다음은 그중 일부를 발췌한 것들이다.

어제 아침만 해도 여덟 살짜리 큰딸아이는 동생이 꼴도 보기 싫다며 밥을 먹지 않았습니다. 도살장에 끌려가는 소처럼 제게 질질 끌려 학교에 갔지요.

한편 언니를 어떻게 이겨보지 못한 여섯 살짜리 작은딸은 아침 내내 울고 짜증을 내고 소리를 질러서 아무 일도 못했고요.

그런데 오늘 아침에는 큰딸이 먼저 고자질을 하더군요.

"엄마, 수빈이 좀 봐요. 벌써 발레 슈즈를 신었어요. 발레 수업은 오후에 있는데요."

"글쎄다, 엄마는 네 얘기가 듣고 싶구나. 수빈이 얘기는 수빈이한테서 듣고 싶은걸?"

큰딸아이는 잠깐 당황하더니 이내 아무 말도 못하더군요.

그 밖에도 선생님이 알려준 몇 가지 방법을 더 썼어요. 둘은 별 투정을 하지 않고 아침을 먹더니 차례로 저한테 와서 머리를 빗은 다음 나갈 땐 인사까지 하더라고요. 한 가지 이해가 되지 않는 것은 작은딸이 유치원에 가는 길에 이렇게 말한 거예요.

"엄마, 나 오늘은 착해지고 싶지 않아요. 화가 나면 화를 낼 거예요."

세 아이의 엄마라고 밝힌 어느 어머니가 편지를 보내 왔다.

지난주는 정말 힘들게 보냈답니다. 일곱 살 난 큰딸 아현이가 다섯 살 난 작은딸 나현이를 너무 미워하는 거예요.

"나현이가 없어졌으면 좋겠어. 미현이만 있어도 돼. 미현인 내 것에 손대지 않으니까."

딸들이 서로 미워한다는 사실에 저는 어처구니가 없었어요. 사실 미현이는 젖먹이라서 좋고 말고도 없었겠죠.

토요일 아침이었어요, 아현이가 큰소리로 울며 방으로 들어오는 거예요.

"엄마, 나현이 좀 혼내 줘요. 제 색연필을 부러뜨려서 못쓰게 만들었어요."

"그랬구나."

"한 개가 아니라 세 개씩이나요. 걔는 매일 내 걸 망가뜨려요."

"우리 아현이가 화날 만하네."

그러고는 가만히 있었어요. 사실 다음에 어떤 말을 해야 할지 몰랐거든요. 그런데 아현이가 이렇게 말하더군요.

"엄마, 좋은 생각이 났어요. 옛날에 쓰던 크레파스가 장난감 통에 있는데 그걸 나현이한테 줘야겠어요."

"와우! 그거 좋은 생각이구나."

이렇게 상황을 정리했어요. 이제 제가 어떻게 해야 하는지 알 것 같답니다.

우리는 독자들의 편지에 매우 고무되어 있었다. 그런데 그때 이런 편지가 도착했다.

부디 우리 아이들의 싸움을 해결할 수 있는 방법 좀 알려주세요.
열한 살과 여덟 살짜리 두 딸은 허구한 날 싸워서 저를 미치게 만듭니다. 어떤 방법을 써도 개와 고양이처럼 으르렁거려요. 하루는 얼마나 화가 나는지 밥을 차려줄 수 없으니 밖에 나가서 거지처럼 남들이 버린 거나 주워 먹으라고 했지요.
아, 어떻게 제 입에서 그런 말이 나왔을까요? 제 자신이 도무지 믿어지지가 않아요. 어떻게 해야 하는지 도와주세요.

이 편지를 읽은 우리는 우리 자신을 돌아보게 되었다. 우리의 방법으로 모든 형제자매 간의 싸움을 다 해결할 수 있으리라 생각했던 것은 착각이었다.
한 아버지는 자신이 처한 상황에 맞는 아이디어로 형제들의 다툼을 해결했다고 했다.

세 아들은 나이가 비슷해서 서로 먼저라고 우기는 게 일입니다. 만일 자기 뜻대로 되지 않으면 그 자리에서 울음을 터뜨리죠. 그러니까 차를 타거나 과일을 먹거나 잠자리에 들 때도 자기가 먼저라고 싸움을 하는 겁니다.

그래서 곰곰이 생각했는데 갑자기 기발한 말이 떠올랐어요. '네가 처음으로 두 번째로 해라.'라는 말이었지요. 그런데 놀랍게도 별것 아닌 이 말이 통한 거예요. 두 번째를 한 아이가 의기양양하게 말하더군요.

"봤지? 내가 처음으로 두 번째야."

물론 저는 세 아이들이 제가 각자각자를 모두 첫 번째로 생각한다는 걸 알아줬으면 하지만요.

다음 편지는 아홉 살과 일곱 살 난 아이를 둔 어머니가 보낸 것이다.

선생님의 도움으로 저는 마법사처럼 두 딸의 다툼을 자연스럽게 해결했습니다. 두 딸은 뭔가 똑같은 것을 동시에 원하는 일이 생기면 절대로 양보하는 법이 없었지요. 그것을 잡고 죽자 사자 잡아당기며 자기 것으로 해야 직성이 풀리는 성격이었거든요. 당연히 중간에서 중재하려는 제 말이 들릴 리가 없었지요.

그런데 제게 좋은 생각이 떠올랐습니다. 어떤 물건을 놓고 싸움이 벌어지면 저는 일단 그 물건을 뺏습니다. 전 같으면 '이제 그만해. 둘 다 못 가질 줄 알아!'라고 못을 박았겠지만, 이제는 아이들 스스로 어떻게 해야 할지 시간을 주기로 했습니다.

"좋아. 이건 엄마가 보관해 둘게. 너희 둘이 어떻게 나눠 쓸지 정해지면 그때 말해. 그럼 엄마가 내줄 테니까."

그랬더니 아이들이 서로 항의를 하고 난리를 피우더군요.

"엄마, 그럼 제가 먼저 5분만 쓰고서 동생한테 줄 테니까 이리 주세요."

하지만 저는 담담하게 "나한테 말하지 말고 동생한테 동의를 구하렴."이라고 말했습니다. 한마디로 너희들끼리 해결해 보라는 것이었죠. 그 후로 아이들은 이와 비슷한 일이 생기면 서로 대화를 통해 순서를 정한답니다.

참! 이제 저는 한 단계 더 나아가고 싶습니다. 제가 개입하지 않은 상태에서 아이들끼리 모든 걸 해결하도록 하고 싶어요. 저한테 가지고 와서 중재를 요청할 게 아니라 집 안 어딘가에 중립지대를 만들어 물건을 두는 방법도 생각해 봐야겠습니다.

다음 편지는 남매를 키우는 어느 어머니가 보낸 것이다.

저도 우리 아이들이 싸울 거라고는 꿈에도 생각지 않았습니다. 그런 건 남의 집 얘기라 생각했지요. 그런데 제가 임신했다는 걸 안 네 살배기 도형이는 왜 동생을 가졌냐며 자기는 동생을 원치 않는다고 하더군요. 저는 아이를 설득하느라 진땀을 뺐어요.

"도형아, 엄마 아빠가 우리 도형이를 너무너무 사랑해서 동생을 낳아주려고 하는 거야."

하지만 이 말에도 아이는 별 감흥이 없었습니다. 결국 저는 진실을 말하기로 했어요.

"사실은 엄마도 아기를 원해서 가진 건 아니란다. 때로는 아기가 생기지 않았다면 좋았을 걸 하고 생각하기도 해."

그 뒤로 도형이는 왜 아기를 가졌냐고 더 이상 묻지 않더군요. 대신 제가 아기를 가진 내내 이렇게 말했지요.

"아기가 태어나면 쓰레기통에 버릴 거야."

그럼 쓰레기차에 실려서 짜부러지게 될 거라는 말이었습니다. 하루는 이런 말도 하더군요.

"아냐. 하수구에 버릴 거야. 그럼 비가 와서 제주도까지 쓸려갈 거야."

제주도에는 할머니와 할아버지가 살고 계시거든요. 저는 도형이가 어떤 험한 말을 하든지 고개를 끄덕였어요. 옆에서 듣고 있던 친구들은 저한테 뭐라 했지만, 그렇게 하면 도형이가 질투를 멈출 줄 알았어요. 하지만 전혀 그렇지 않았지요.

드디어 둘째가 태어났어요. 아이들이 점점 자라 다섯 살이 된 미진이는 커가면서 점점 예쁘고 활달한 반면, 아홉 살인 도형이는 내성적이고 수줍음을 많이 타 친구들을 잘 사귀지 못했어요. 이때부터 문제는 더욱 심각해졌지요. 도형이가 미진이를 아무 이유 없이 못살게 구는 거예요. 아무리 제가 도형이를 붙잡고 미진이와 똑같이 사랑한다고 말해도 별 소용이 없었습니다. 도형이는 무조건 미진이와 비교하면서 불평을 쏟아냈어요.

"엄마, 미워. 미진이랑만 놀잖아. 미진이만 사랑하고. 아빠도 미진이만 예뻐해."

저는 도형이에게 똑같이 놀아주지는 못해도 너랑 동생이랑 똑같이 사랑한다고 말했어요. 물론 도형이에게 그 말이 먹히지는 않았지만요.

그러나 선생님 방송을 보고 어제 저녁부터 바로 실행에 옮겼지요. 그런데 며칠 만에 정말 놀라운 일이 벌어졌어요. 애들이 오늘 오전에는 한 번밖에 싸우지 않은 거예요. 기적이 일어난 거랍니다. 더욱이 두 아이들은 서로 얘기하며 좋은 쪽으로 협상까지 했어요. 내친김에 저는 아이들에게 서로 좋은 점과 불만인 점을 말하라고 했어요. 제가 받아 적었지요. 미진이는 오빠가 책 읽어주는 게 좋다고 말하더군요. 그러자 도형이는 글쎄 미진이에게 책을 여섯 권이나 읽어줬어요. 정말 대단한 일이 일어난 거예요.

몇 달이 지났을 때 다시 이 어머니가 편지를 보내 왔다.

저희 집은 마치 누군가 마술을 부려 놓은 듯 달라졌답니다. 이제 미진이가 울어도 별로 걱정하지 않아요. 도형이가 달래주거든요.

"미진아, 울지 마. 오빠가 일부러 그런 거 아냐. 오빠가 어떻게 해줬으면 좋겠니?"

이제는 도형이의 입에서 미진이만 더 사랑한다거나 미진이만 옷을 더 사준다거나 하는 불평은 나오지 않는답니다. 처음에 각자 좋은 점과 불만인 점을 적어놓은 목록과 일주일 후 받아 적은 목록은 정말 많이 달라졌어요.

일주일 후 미진이가 제일 먼저 말한 게 뭔지 아세요? 글쎄, 오빠가 좋다는 거예요. 자기한테 잘해 줘서. 도형이는 이 말을 듣더니 더욱 더 잘해 주려고 노력하고 있어요.

하루는 미진이가 침실에 붙어 있는 벽장을 무서워하기에 왜 그러냐고 물었지요. 그랬더니 "오빠가 그러는데 벽장에 늑대가 산대."라고 말하는 거예요.

그 말을 들은 저는 도형이를 나무랄까 하다가 만일 '선생님이라면 이럴 때 어떻게 했을까?'라는 데 생각이 미치더군요. 그래서 이렇게 말했답니다.

"도형아, 네가 벽장에 올라가서 늑대를 물리쳐야겠다!"

도형이는 말없이 올라가더니 한참 있다가 내려오더군요. 그러고는 자기가 늑대를 잡아먹었다는 거예요. 그제야 미진이는 안심을 하더라고요. 정말 기적 같은 일 아닌가요?

사실 도형이가 거짓말한 이유는 위험한데 미진이가 벽장을 뻔질나게 올라 다녀서 그랬다는 거예요. 하긴 저도 미진이를 말려야겠다고 생각하던 참이었어요.

정말 무슨 말로 감사를 드려야 할지 모르겠습니다.

좋은 감정을 갖게 하는
형제 관계 만들기

나이가 어린 형제들의 불화와 갈등을 주제로 부모 교육 모임을 열었다. 그곳에서 만났던 부모들의 이야기들을 간추려 보면 다음과 같다.

부모 교육 모임에서 배웠던 방법들이 도움이 될 때는 아이들 사이가 대체로 좋을 때예요. 하지만 아이들의 관계가 악화되어 있을 땐 별 소용이 없더군요. 예를 들어 큰아이한테 '아기를 그렇게 안으면 운단다.'라고 말했을 때 큰아이는 오히려 속으로 기뻐할 수도 있다는 거예요.

따라서 저는 무엇보다도 아이들이 아주 어렸을 때부터 형제에게 좋은 감정을 갖도록 부모들이 노력해야 한다고 봐요. 그래야 설령 나쁜 감정이 생기더라도 좋았던 때를 떠올리며 관계 회복이 쉬워질 테니까요.

이 말이 끝나자 많은 부모들이 고개를 끄덕이며 자신들의 경험담을 들려주었다.

아이들이 집 안에서 쿵쾅거리며 뛰어놀다 서로 부딪쳐 넘어졌어요. 작은애가 울면서 "형이 쓰러뜨렸어."라고 저한테 와서 이르더군요. 그래서 제가 "그래, 속상하겠구나. 하지만 그전까진 재밌게 놀았잖아."라고 말했지요.
이 말을 들은 작은애는 조금 전까지 재밌게 놀았던 사실을 떠올렸는지 눈물을 닦으며 형한테 가더라고요.

가끔 저는 아이들이 어떻게 했는지 들을 수 있도록 큰소리로 말할 때가 많아요. 이를테면 남편이 퇴근해서 돌아왔을 때 "여보, 오늘 무슨 일이 있었는지 알아요? 글쎄, 석호가 석진이를 가르치더라니까요. 의자에서 소파 위로 어떻게 뛰어내리는지를 직접 보여주었어요."라고 말해요. 그러면 석호는 함박웃음을 지어 보이죠. 그리고 다시 덧붙여서 "석진이는요, 거북 흉내를 내며 소파 위를

엉금엉금 기어다녔어요."라고 말해요. 그러면 석진이도 기쁜 듯 환하게 웃는답니다.

　세 살 난 딸아이가 장난감 구슬을 꿰고 있을 때였어요. 잘 꿰어지지 않자 아장아장 와서는 제 손을 잡고 끌어당기더군요. 그래서 제가 말했죠. "세미 언니에게 부탁해 봐. 언니는 구슬을 잘 꿰잖아." 잠시 후에 보니까 딸아이가 세미와 구슬을 열심히 꿰고 있더군요.

　"아가야, 넌 정말 소중한 존재란다." 이런 말로 갓난아이를 안고 어르는데 네 살 난 아들이 들어오더군요. 좀 전에 제가 한 말을 들었는지 얼굴을 찡그리고 저를 노려보는 거예요.
　그래서 아들에게 이렇게 말해 주었죠. "우리 아들은 혼자서 신발도 잘 신고, 혼자서 화장실도 잘 가고, 세발자전거도 잘 타고, 노래도 잘하고……."
　그러면서 아기를 향해 이렇게 좋은 오빠가 있어서 넌 좋겠다고 말했어요. 그랬더니 아들의 얼굴이 환하게 펴지면서 으스대는 듯한 표정을 짓더군요.

　저는 20개월 된 딸 하늘이와 다섯 살 된 아들 산하가 무슨 놀이를 하면 좋을까 궁리할 때가 많아요. 비눗방울 놀이를 할 때도 산하가 비눗방울을 만들면 하늘이가 터뜨리도록 하고, 산하가 손을 흔들며 걸으면 하늘이가 북을 치도록 하지요. 하늘이가 장난감 자동차에 앉으면 산하는 밀도록 하고, 하늘이가 장난감 트럭을 몰면 산하는 경찰관이 되어 수신호를 하도록 시킨답니다.

눈여겨만 보면 주위의 모든 것들이 다 아이들이 함께 놀 수 있는 장난감이에요.

아이들이 잘 놀다가도 서로 싸우다 울면 저는 여지없이 달려가 큰애를 혼내곤 했어요. 그렇게 하면 사이가 나빠진다는 걸 알면서도 우는 걸 참을 수가 없었지요.

하지만 요즘은 좀 다르게 대응하고 있어요. "지금 우는 게 누굴까? 엄마가 도와주지 않아도 되지? 너희들끼리 해결해 봐." 그러면 큰애가 저를 물끄러미 쳐다보고는 자기들끼리 해결할 수 있다고 대답을 해요.

물론 이 방법이 늘 통하는 건 아니에요. 때론 저한테 와서 도와달라고 매달리기도 하지요. 저는 어떤 방법이든 괜찮아요. 부모의 손길이 필요할 때는 아이들이 도움을 요청하는 게 당연하다고 생각하거든요.

저는 다섯 살 난 쌍둥이 엄마예요. 당연히 일도 두 배로 많아서 속도전이 필요하죠. 그래서 쌍둥이한테 경쟁을 시켜요. "누가 옷을 빨리 입나 볼까? 누가 먼저 장난감을 치우는지 볼까?" 이런 식으로 아이들을 움직여요.

물론 문제가 없는 건 아니에요. 먼저 한 녀석이 "엄마, 내가 일등이야."라며 나중에 한 녀석을 놀리기 때문이지요. 그런 와중에 부모 교육 모임에 참여하게 되었어요. 서로 간의 협동이 중요하다고 해서 저는 여태껏 써왔던 전략을 당장 바꾸었지요. 서로 경쟁을 하는 게 아니라 한 팀이 되어 시간과 경쟁하도록 만든 거예요. "지금부터 시곗바늘이 다섯 칸을 가는 동안 너희들은 양말을 신고 신발까지 신는 거야. 자, 지금부터 시작!"

이런 식으로 대화 방법을 바꾸니까 아이들이 이제 서로 웃으며 도와주기까지 해요. 설령 제 시간에 끝내지 못한다 해도 항상 너희는 한 팀이라는 걸 강조해 줘요. 그러면 아이들은 서로를 바라보며 환하게 웃곤 하지요. 이런 식으로 어려서부터 형제가 동맹 관계라는 생각을 갖게 하면 커가면서도 서로에게 든든한 버팀목이 되지 않을까요?

아이들은 자기 것에 대한 애착이 강하다. 그래서 그걸 놓고 하루에도 수없이 싸운다. 부모의 직업이 뭐든 그리고 의사든 변호사든 교수든 기업의 최고경영자든 대단한 전문직일지라도 아이들이 내 거라고 외치며 싸울 때는 합리적으로 해결하기가 쉽지 않다.

"그래, 그거 네 거야. 하지만 몇 달 동안 처박아 놓고 쳐다보지도 않았잖아. 그러니까 동생이 좀 갖고 놀게 놔두자."

합리적인 설명이 먹혀들어 갈 리가 없다. 큰애는 비명을 지르며 내 거라고 소유권을 주장한다. 물론 반대의 경우도 마찬가지다.

"형 거니까 형 줘. 네 건 다음에 사줄게."

이 말에 작은애는 뺏기지 않겠다고 버티거나 울어젖힌다.

아이들이 소유권을 주장하는 대상은 수없이 많다. 인형, 블록, 장난감, 자동차, 심지어 부모까지 자기 것이라고 우긴다. 상황이 이렇다 보니 이 문제는 결코 쉽게 풀 수가 없다.

다음은 모임에 참여한 부모들의 경험담이다.

가족 간에는 사소한 것에도 언쟁을 많이 하는 듯해요. 그래서 저는 아무리 가족이라도 규칙을 정해야 한다고 생각해요. 그래서 다섯 살, 여섯 살로 연년생인 아이들에게 설명을 해줍니다. 집 안에 있는 대부분의 물건들은 같이 쓰는 거라고요.

"이것 좀 볼래? 이 도구 상자는 아빠가 쓰려고 산 거야. 하지만 엄마가 쓴다고 해서 아빠가 못 쓰게 하지는 않잖아. 또 이 프라이팬은 엄마가 쓰려고 샀지만 아빠가 쓴다고 해서 엄마가 못 쓰게 하지는 않지? 마찬가지야. 집 안에 있는 것은 식구라면 누구나 다 쓸 수가 있어."

그렇지만 남편의 카메라나 제 만년필처럼 아주 특별한 거나 망가지기 쉬운 것은 나누어 쓸 수 없다는 것도 가르칩니다. 이런 것들은 잘 보관해 두어야 하고, 만일 꼭 써야 한다면 주인의 허락을 받아야 한다고 말이지요.

따라서 자신의 물건을 누군가와 나누어 쓰고 싶지 않다고 다른 사람에게 얘기하면 반드시 그 뜻을 존중해 주기로 합의했답니다.

우리 집은 선반 위에 이름이 붙은 상자들을 놓아 두었어요. 딸들이 특별한 물건을 간수하도록 제가 마련해 준 거예요. 그곳에 놓인 물건을 쓰고 싶을 땐 반드시 주인의 허락을 받아야 해요.

만일 상자가 꽉 차게 되면 거기서 소중한 것만 선별해서 다시 넣어 두기로 했답니다.

네 것도 내 것, 내 것도 내 것이란 말이 있잖아요. 우리 큰애가 그렇습니다. 막내가 뭐든 갖고 놀려고만 하면 즉시 다가가 힘으로 빼앗곤 해요. 저는 그때마다 "그만 안 할래? 동생이 갖고 놀잖아!" 혹은 "넌 왜 동생이 놀려고만 하면 빼앗니?"라고 소리를 질러 막지만 그 버릇이 쉽게 고쳐지지가 않더군요.

그래서 큰애를 앉혀놓고 말했어요. 남이 놀고 있는 것을 빼앗는 건 아주 나쁜 행동이라고요. 하지만 큰애는 꿈쩍도 하지 않았어요. 그제야 감정을 표현하라는 말이 기억 나 큰애가 느낄 것 같은 감정을 그대로 표현해 봤어요. "좋아, 방 안에 장난감이 아무리 많아도 네가 좋아하는 것만 다른 사람이 갖고 놀려 하는구나?" 그러자 큰애가 고개를 끄덕이더군요. 저는 그걸 나쁘다, 좋다 판단하지 않고 그저 큰애가 느끼는 감정만 말로 표현해 주었어요.

그랬더니 놀랍게도 큰애에게 조금씩 변화가 찾아왔어요. 물론 작은애가 갖고 노는 것을 빼앗는 버릇이 없어진 건 아니에요. 그래도 조금씩 줄어들고 있지요. 어쨌든 큰애에게 "네가 좋아하는 것만 다른 사람이 갖고 놀려 하는구나."라고 서글프게 계속 말을 한답니다.

저는 아이가 다른 사람의 것을 빼앗을 때 그런 행동에 대해 있는 그대로 표현하되 순서를 기다려야 한다고 말해요.

예를 들어 언니가 비눗방울 놀이를 하는데 동생이 자기가 하겠다고 빼앗으면 저는 이렇게 말해요. "윤진아, 언니가 거품 만드는 걸 보니까 너도 하고 싶은 거구나? 하지만 다른 사람이 하는 걸 빼앗으면 안 돼. 대신 언니한테 너도 하고 싶다고 말해 보렴. 그럼 언니는 너도 한 번 불어 보라고 해줄 거야."

그리고 언니인 윤정이한테는 이렇게 말하죠. "너 한 번 하고 윤진이한테도 기회를 줘. 윤진이도 많이 하고 싶은가봐."

그런 다음 윤진이한테 엄마와 재밌는 놀이가 뭐가 있는지 같이 찾아보자고 해요. 이런 식으로 두 아이의 감정과 욕구를 존중해주고 있답니다.

모임에서 늘 거론됐던 문제 중 하나는 한 아이가 다른 아이를 때렸을 때였다. 특히 아이한테 "말로 해. 때리면 절대 안 돼."라고 수없이 주의를 줘도 아이가 폭력을 휘두를 때는 어떻게 해야 하는가였다.

좀 더 강력한 방법을 써야 하는 건 아닌지, 적어도 아이가 좋아하는 걸 못하게 하는 건 어떤지, 아니면 벌을 세워야 하는 건 아닌지 많은 사람들이 의견을 내놓았다.

하지만 대부분의 부모들은 벌로 다스리면 아이의 공격성이 일시적으로 다스려지긴 하겠지만 형제 관계는 더욱 악화된다는 의견이었다. 자신이 벌을 받는 이유가 형제 때문이라고 생각해서 그 시간만 지나면 더 공격적으로 변한다는 거였다. 더구나 둘이 있을 땐 상대가 더 위험에 빠질 수도 있고, 그에 따른 부작용이 생긴다는 게 문제였다.

다섯 살짜리 쌍둥이 형제네 집에 놀러갔던 이모의 이야기다. 쌍둥이 하나가 이모를 보더니 구석에 있는 의자로 끌고 가며 이렇게 말했다고 한다.

"이모, 이건 생각의자야. 나도 여기 앉았어. 엄마가 동생을 때렸다고 여기에 앉으래. 그리고 생각하래. 나는 이 의자에서 내려와 다시 동생을 때렸어."

많은 사람들은 이와 같은 벌의 부정적인 효과를 염려했다. 하지만 벌을 줄 수밖에 없는 상황이 반드시 생긴다고 하는 부모도 있다.

오늘 아침에도 한바탕 난리가 났어요. 다섯 살 난 현진이가 이제 18개월 된 동생 현수를 냅다 민 거예요. 그 바람에 현수가 자빠지며 바닥에 머리를 쿵 부딪혔죠. 현수는 자지러지게 울었고, 저는 화가 머리끝까지 났어요.

사실 이번이 처음이 아니거든요. 저는 현진이를 꾸짖으며 구석에 가서 뭘 잘못했는지 깨달을 때까지 나오지 말라고 했어요. 마침 아이 봐주는 분이 오셔서 그냥 출근해 버렸답니다.

이에 관해 갑론을박이 벌어졌다. 모두들 큰애가 작은애를 괴롭히도록 그냥 놔둬서는 안 된다고 했다. 물론 큰애의 입장을 고려해야 한다는 사람도 있었다. 보통 18개월쯤 되면 모든 걸 자기 뜻대로 하는데, 뜻대로 되지 않으면 깨물거나 할퀴고 소리를 지르는 게 그 시기의 아이에게서 나타나는 발달 단계라는 거였다. 그걸 견딜 누나나 형은 없다고 했다.

그럼에도 큰애가 작은애를 힘으로 넘어뜨리거나 때리는 건 안 된다는 데 의견이 모아졌다. 그러자 현진이 엄마가 되물었다.

"그럼 제가 이 상황에서 어떻게 해야 할까요?"

이에 대해 한 어머니가 대답했다.

"아이는 엄마의 행동을 그대로 따라하잖아요. 제 딸도 제가 이성을 잃고 소리를 지르면 조금 있다가 똑같이 소리를 질러요. 반대로 좀 부드럽게 말하면 아이도 온순하게 말하고요. 예를 들어 제가 아들에게 '형식아, 엄마를 물면 어떡해? 여기 이 곰인형을 물으렴.' 하고 말했더니 딸아이도 밑에 동생한테 똑같이 말하더라고요."

한 아버지도 거들었다.

"여섯 살 난 제 아들에게도 그렇게 말해요. '동생이 너를 때리면 너도 때리고 싶지? 하지만 안 돼. 동생은 아직 어리고 잘 몰라서 그래. 우리가 동생을 잘 가르치다 보면 동생도 어느 순간 때리면 안된다는 걸 배우게 될 거야."

그러자 현진이 엄마가 이어받아 말했다.

"지금 말씀하신 것은 동생이 형을 때릴 때잖아요. 하지만 형이 동생을 때릴 때는 어떻게 해야 할지 잘 모르겠어요. 벌을 주는 것 말고는 도무지 생각이 나질 않아요."

그때 또 한 어머니가 말했다.

"현진이와 얘기해 보는 건 어떨까요? 물론 아이를 넘어뜨리거나 때렸을 때가 아니라 좀 시간이 지났을 때 말예요. 현진 엄마도 화가 가라앉고 아이도 울음을 그친 후 좀 평온해졌을 때 서로의 마음을 얘기해 보면 나아질 것도 같은데요."

현진이 엄마가 다시 반박했다.

"겨우 다섯 살짜리 아이를 붙잡고 얘기를 해보라고요?"

그러자 누군가 직접 실험을 해보자고 제안했다.

"좀전에 현진 엄마한테 얘기해 보라고 한 엄마가 현진이 엄마 역할을 맡고, 현진 엄마는 현진이 역할을 하면서 대화를 해보는 거예요!"

두 사람은 선선히 동의했다. 다음은 두 사람의 대화를 단계로 나누어 보았다.

1단계 아이의 이야기를 들어준다.

"화가 나서 동생을 민 거니?"

"걔는 진드기야!"

"동생이 널 많이 귀찮게 했구나."

"블록을 쌓는데 자꾸 망가뜨리잖아!"

"힘들게 쌓은 블록을 무너뜨렸으니 화가 날 만하구나. 또 아기가 널 화나게 하는 게 있니?"

"날마다 내 장난감만 갖고 놀아. 종이 찰흙도 먹지 말라고 했는데 계속 먹고."

"그래서 그렇게 화가 많이 났구나."

"응."

2단계 부모의 마음을 표현한다.

"엄마는 너희들 모두를 사랑해. 그래서 누구 하나라도 다치게 되면 너무나 속이 상해."

3단계 아이와 이 문제를 어떻게 풀지 이야기한다.

"현진아, 엄마랑 한번 얘기해 볼까? 현수가 널 괴롭힐 땐 어떻게 하면 좋을까? 우리 모두한테 좋은 방법이 있는지 생각해 보자꾸나."

4단계 모든 아이디어를 적는다. 단, 판단은 하지 않는다.

"현수를 방에 가둬요."

"좋아. 그것 말고는 또 없을까?"

"의자에 묶어서 움직이지 못하게 해요."

그러더니 현진이가 미안한 듯 웃는다.

"그래. 그리고 또?"

두 엄마의 역할극을 사람들은 점점 주의 깊게 지켜보았다. 현진이 엄마 역을 맡은 사람은 살다 보면 가족 중에 화를 돋우는 사람들이 있지만, 가족들은 서로 보듬고 살아가는 방법을 배워야 한다고 말했다. 다음은 그곳에 모인 사람들이 낸 해결책이다.

1. "이건 지금 누나가 갖고 노니까 넌 조금 있다 갖고 놀게 해줄게."라고 말하면서 아이의 손을 떼어낸다.
2. 갖고 놀던 블록 중 몇 개를 아이 손에 쥐어주고 옆에서 놀게 한다.
3. 아이에게 다른 장난감을 주며 그걸 갖고 놀라고 한다.
4. 아이 손이 닿지 않는 곳, 이를테면 식탁이나 책상 위에 장난감을 올려놓고 논다.
5. 물감이나 종이찰흙 등 아이가 입에 넣어서는 안 되는 물건들은 아이가 보지 않을 때 갖고 논다. 예를 들면 아이가 낮잠을 잘 때 등등.
6. 그래도 아이가 노는 걸 방해한다면 그때 어른들에게 도와달라고 요청한다.

이런 식으로 해결 방법을 하나하나 제시한 후 사람들이 다시 자신의 의견을 내놓기 시작했다.

그러자 현진이 엄마가 한숨을 내쉬며 말했다.

"현진이한테는 왜 이런 방법이 통하지 않는지 모르겠어요."

"엄마가 딸 입장에서 생각해 보는 건 어떨까요? 딸과 반대되는 입장이 아니라요."

"실제로 다섯 살짜리와 이런 식으로 한다는 건 어렵잖아요. 더구나 해결책을 마련한다는 것은 더 어렵죠."

"물론 그렇겠죠. 하지만 이런 과정을 계속 거치면 해결책을 마련하기가 좀 쉬워질 거예요."

이렇게 서로 의견이 오가는 걸 지켜보던 현진이 엄마가 드디어 말했다.

"저는 이 역할극을 하면서 현진이의 심정이 어땠을지 느껴졌어요. 그래서 현진이의 관점에서 이 일을 바라보게 되었어요. 그 전에는 현진이의 입장을 생각지 못했거든요. 집에 가는 대로 진짜 엄마 역할을 해볼까 해요."

아이의 감정을
존중해 주어야
아이의 행동이 바뀐다

다음은 부모가 아이의 잘못된 행동을 바꾸기 위해 윽박지르거나 명령하거나 벌을 주지 않고 아이의 감정을 존중했을 때 어떻게 행동하는지를 보여주는 사례다. 이를 통해 아이의 감정을 인정했을 때 어떤 변화가 나타나는지 알 수 있을 것이다.

동생 막대기를 갖고 싶어요

제가 여섯 살짜리 쌍둥이 동진이와 은지, 그리고 네 살 된 동현이를 데리고 마당에 나와 일을 할 때였어요. 셋은 마당에서 놀고, 저는 화단에 쭈그리고 앉아서 잡초를 뽑거나 죽은 나무 등걸을 꺾어 한 곳에 모아놓고 있었지요. 아이들은 거기에서 나무 막대기를 골라 놀더군요. 그때 갑자기 아이들이 싸우는 소리가 들리는 거예요.

동진 : 그거 내놔.
동현 : 싫~어. 내 거야.

동진이가 어린 동생의 막대기를 빼앗으려고 하자 동현이가 빠르게 걸으며 도망치더군요. 하지만 금세 쫓아가 동현이의 막대기를 붙잡고 큰소리로 말했어요.

동진 : 이거 나 줘. 내가 가질 거야.
엄마 : 무슨 일이니?
동현 : 형이 내 막대기 뺏어!
엄마 : 동진아, 그만 두지 못하겠니?
동진 : 나 저 막대기 갖고 싶어.
엄마 : 그건 동생 거잖아. 네 거 두고 왜 그래?
동진 : 이건 싫단 말야.

동진이가 자신이 갖고 있던 막대기를 팽개치며 소리쳤어요.

엄마 : 좋아. 그럼 다른 걸로 골라보자.

동진 : 싫어. 난 동현이 게 더 좋아.

엄마 : 그건 동생 거잖아.

은지 : 그럼 내 거 가져.

동진 : 싫어. 동현이 거 갖고 싶어. 얼른 내놔.

저는 하는 수 없이 나무 등걸들을 뒤져 다른 막대기를 골랐어요. 나뭇잎이 달린 가느다랗고 긴 막대기였지요. 그걸 동진이에게 내밀며 말했어요.

엄마 : 동진아, 이것 봐. 와, 나뭇잎도 달리고 멋지지? 거기다 동현이 것보다 훨씬 더 길어. 이걸 가져.

동진 : 그런 건 싫어. 바보처럼 생겼잖아.

엄마 : 동진아, 너 그렇게 소리 지르면 집에 들어가서 혼난다. 아무래도 벌을 서야겠구나.

동진 : 나 벌 안 설 거야. 동현아, 너 얼른 막대기 내놔.

그제야 아이들의 감정을 인정하고 존중해 줘야 한다는 이야기가 떠올랐어요. 그래서 이렇게 말했지요.

엄마 : 동진아, 너 정말 동현이의 막대기가 갖고 싶은 모양이구나. 저걸 못 가져서 정말 화나겠다. 그치?

동진 : 응. 화나.

엄마 : 그래, 엄마도 동진이 마음을 이해할 것 같아.

동진 : 은지야! 저기 봐. 나비다! 저거 잡자!

동진이가 나비를 쫓아가는 모습을 보며 순간 저는 입을 딱 벌리고 말았어요. 아이의 감정을 인정해 준 순간 정말 깜짝 놀랄 일이 일어난 거예요.

모임에 참가한 부모 가운데 아이가 읽지 못하는데도 메모를 써주었더니 효과가 있었다고 말한 엄마도 있었다. 다음 세 편은 아이가 글을 읽고 쓸 줄 모르는데도 메모를 써서 읽어줌으로써 효과를 본 사례다.

동생은 밀라고 있는 게 아니야!

세 살 터울로 아이를 둔 엄마입니다. 그런데 네 살인 큰애가 이제 갓 돌을 지나 아장아장 걷는 동생을 볼 때마다 뒤에서 미는 거예요. 그때마다 동생은 자지러질 듯 울어대고, 큰애한테 그렇게 하지 말라고 타일러도 소용이 없어요. 그래서 저는 생각다 못해 작은애의 옷 뒤에다가 '밀면 싫어요! 사랑해 주세요.' 라고 써놓았어요.

그러고는 큰애 앞에서 크게 읽어줬어요. 그랬더니 정말 그 뒤로는 동생을 밀지 않더라고요.

아기가 보낸 편지

두 자매를 키우는 엄마예요. 한 아이가 감기에 걸려서 둘을 좀 떼어놓아야겠다고 생각했을 때 썼던 방법이에요.

다섯 살 난 큰아이가 감기에 잔뜩 걸려서 동생인 갓난아이한테 가지 말라고 했어요. 그래도 그걸 금세 잊고 동생을 안아주고 볼을 비비고 하는 거예요. 그래서 동생이 보낸 것처럼 편지를 썼어요.

예윤 언니
난 언니를 사랑해. 하지만 감기가 다 나은 뒤 나를 안아줘.
— 사랑하는 예슬이가

예윤이는 그 편지가 마음에 쏙 들었나 봐요. 그 편지를 몇 번이고 읽어 달라고 하는 거예요. 그리고 예슬이를 더 이상 안지 않고 감기가 나을 때까지 자기가 먼저 떨어져 지내려고 노력하더군요.

나도 안내문을 붙여줘요

여섯 살인 현서는 새벽잠이 없어요. 새벽이 되면 일어나 이제 돌을 넘긴 동생 은서를 깨워요. 같이 놀자고요. 은서는 울고 저는 화가 나고, 결국 현서를 나무라면 현서까지 울고 집 안이 난리가 아니랍니다.

이런 일이 몇 주 동안 계속됐어요. 그러다가 부모 교육 모임에서 메모가 효과가 있다는 걸 알게 됐어요.

'좋아, 한번 시도해 보자. 안 되면 하는 수 없고!'

저는 현서에게 말했어요.

"현서야, 아기가 자기 침대에 안내문을 써줬으면 좋겠대. 그런데 글씨를 쓸 줄 모르니까 네가 써주면 좋을 것 같아. 너는 글씨를 쓸 줄 알잖아."

그러고는 연필과 종이를 줬어요. 그랬더니 뭐라뭐라 쓰더군요. 거기에 제가 더 덧붙여 써넣었어요.

이 침대는 은서의 침대입니다. 아무도 들어오지 마세요.

그랬더니 현서가 와서 묻는 거예요.

"엄마, 여기에 뭐라고 쓴 거야?"

제가 그대로 읽어줬더니 자기 침대에도 그렇게 써서 붙여 달라는 거예요. 그래서 제가 똑같이 해주었답니다.

이 침대는 현서의 침대입니다. 아무도 들어오지 마세요.

그 뒤로 현서는 아기 침대를 점령하지 않았어요. 그러더니 아침마다 동생한테 들어오지 말라고 하더군요. 그러면 말을 막 배우기 시작한 은서도 뭐라고 종알종알 따라서 해요. 오랜만에 평화로운 아침을 맞게 되었답니다.

깨물면 기분이 좋아요

다섯 살 난 아영이는 일곱 살인 언니 다영이와 잘 놀다가도 마음에 들지 않으면 갑자기 물어 버리는 습관이 있습니다. 제가 아무리 타일러도 소용이 없어요.

그러던 중 부모 교육 모임에 다녀오게 되었고, 다음 날 아침 저는 두 딸을 앉혀놓고 말을 했지요. "한 사람은 물고 한 사람은 물리면 어떤 기분을 느끼게 될까?"

그랬더니 다영이가 대뜸 이렇게 말하더군요.

"강아지나 무는 거야."

아영이는 제가 생각도 못한 말들을 쏟아놓았어요.

"깨물면 기분이 좋아. 난 깨물 때가 재미있어. 깨무는 게 뭐가 나빠?"

그러자 다영이도 질세라 깨무는 건 딱 질색이라고 말하더군요.

이렇게 물고 물리는 것에 대해 각자가 어떤 감정을 갖게 되는지 말한 뒤, 우리는 그걸 해결하기 위한 목록을 마련했어요.

1. 먹을 때 깨물자.
2. 마음에 들지 않으면 때리거나 깨물지 말고 말로 하자.
3. 깨물고 싶은 마음이 들면 얼른 언니에게서 떨어지자.

그럼에도 불구하고 아영이는 깨무는 걸 쉽게 그만두지 못했어요. 물론 훨씬 좋아지긴 했지만요. 그때마다 다영이는 크게 외치곤 해요.

"아영아, 우리가 적어둔 것 잊었어?"

그럼 아영이는 마치 뱀파이어에게 십자가를 들이밀었을 때처럼 뚝 멈춰요. 정말 놀라운 일이에요.

하지만 엊그제 슈퍼마켓에 갔을 때, 자기가 원하는 걸 사주지 않으니까 아영이가 제 팔을 물더군요. 그래도 그 횟수가 줄어드는 건 다행스러운 일이랍니다.

부모 없이 형제들끼리만 있는 시간이 많을 때

여덟 살 이상의 아이들을 둔 부모들의 걱정은 좀 달랐다. 대부분 부모의 맞벌이로 인해서 저녁 때까지 아이들끼리만 있어야 했기 때문이다.

아이들끼리 있는 시간이 길다 보니 한 아이가 다른 아이에게 폭력을 가해도 그걸 막거나 다른 쪽 방향으로 이끌어줄 수가 없다. 그래서 부모들은 밖에 나가서도 아이들 걱정이 끊이지 않았다.

더욱이 새로운 가정을 꾸린 경우에는 정도가 더 심했다. 아이들은 가정교육이나 생활 습관, 가족 간의 관계나 가치관 등에서 혼란을 겪고 있지만 부모들은 그저 가족이라는 이름으로 협력해 주기만을 바랄 뿐이었다.

많은 부모들은 아이들과 함께 있는 시간만이라도 좀 더 친밀하게 대화를 나누거나 서로를 존중하고 이해하는 법을 가르쳐야 한다고 생각했다. 그래서 우리는 부모 교육 모임을 통해 새롭게 배운 것들을 실제 가정에서 어떻게 적용할지 허심탄회하게 이야기를 나누었다.

다음은 그중에서도 가장 인상 깊었던 사례들을 몇 가지 모아놓은 것이다.

네가 직접 얘기하렴

제가 왜 이렇게 기뻐하는지 이해하기 위해서는 평소에 딸아이 혜민이가 오빠 현욱이에 대해 어떤 불평을 늘어놓는지 알아야 한답니다.

열두 살인 혜민이는 열네 살인 오빠에 관해 좋은 소리를 할 때가 없어요. 그때마다 저와 이런 식의 대화가 오가곤 한답니다.

"엄마, 오빠 진짜 재수 없어요. 정말 치사해."

"무슨 일인데 그래? 오빠가 너한테 뭐라고 했어?"

"제가 오빠 방에 들어갔는데 저를 벌레 취급하잖아요. '진드기야, 빨리 나가!'라고 소리치면서요. 그것도 친구들 앞에서요. 어떻게 오빠가 그럴 수가 있어요?"

"네가 무슨 말을 했는데?"

"지우개를 빌려 달라고 했을 뿐이에요."

"왜? 지우개가 없니?"

"잃어버렸어요. 숙제 때문에 지금 필요한데."

"이따가 내가 말하마. 엄마가 다시는 너한테 그런 말 하지 못하게 할게."

"꼭요, 정말 잊지 말고 말씀하셔야 돼요."

하지만 이번에는 현욱이에게 한마디도 하지 않았어요. 어느 쪽 편도 들지 않았고, 누가 옳고 그른지 판단하지도 않았지요. 이곳에서 배운 대로만 했어요. 그랬더니 정말 좋아지더군요. 이렇게 말이에요.

"엄마, 오빠 진짜 재수 없어요. 정말 치사해."

"오빠가 널 많이 화나게 한 모양이구나."

"제가 오빠 방에 들어갔는데 저를 벌레 취급하잖아요. '진드기야, 빨리 나가!'라고 소리치면서요. 그것도 친구들 앞에서요. 어떻게 오빠가 그럴 수가 있어요?"

"어머, 우리 혜민이 정말 창피했겠다!"

"그럼요, 오빠가 조금만 예의 있게 말했어도 괜찮았을 텐데."

저는 이때 잠깐 무슨 말을 해야 할지 고민했습니다. 그러다가 잠시 후에 말을 이었어요.

"그럼 넌 오빠가 예의 있게 말했다면 괜찮았다는 거야?"

"네. 그리고 시도 때도 없이 밀치지도 말고요. 엄마가 오빠한테 말 좀 해주세요."

"그런 건 네가 직접 하는 게 좋아. 만일 내가 말한다면 오빤 너를 고자질쟁이라고 놀리거나 화를 낼지도 몰라. 그러니까 네가 오빠한테 분명하게 얘기해. 엄마한테 지금 말한 것처럼 밀치거나 심한 야유는 정중하게 사절한다고."

물론 딸아이의 얼굴이 밝아지진 않았어요. 하지만 저는 그애 부탁을 들어줄 생각이 전혀 없었지요. 그렇게 하는 것이 옳다고 생각했거든요. 받아들일 수 없는 오빠의 행동에 대해 혜민이가 직접 말하는 것이야말로 중요한 일 아닐까요? 제가 없을 때도 둘은 그런 식으로 다툼을 풀어갈 테니까요.

아이들의 불평 번호

저는 아이들이 십대가 되면 싸우지 않을 거라고 생각했어요. 그런데 웬걸, 더욱 심해져서 한 집에 사는 것조차 고려해야 할 지경입니다. 아내가 회사에서 늦게 들어오는 날이라도 되면 그 난리법석을 저 혼자 고스란히 받아내야 합니다.

어제는 집에 들어서자마자 한 녀석이 달려와서는 오빠 흉을 마구 보더니 방으로 휑 가버리더군요. 저는 화가 났지만 아내가 오기까지 기다렸다가 모두 불러 모았습니다. 그러고는 종이와 펜을 가지고 식탁 의자에 앉으라고 했어요.

"너희들이 서로에게 불만이 많은 것 같아 모이라고 했다. 자, 이제 그 종이에다 상대의 어떤 면이 싫은지 중요한 순서대로 적어 보렴."

아이들은 서로 질세라 마구 썼다 지웠다 하면서 써내려가더군요. 저와 아내는 살짝 빠져 나왔다가 다 쓸 때쯤 다시 갔습니다. 그랬더니 딸아이가 오빠에 대한 불만을 일곱 가지나 써서 주더군요. 아들은 네 가지를 썼고요. 그래도 아직 쓸 게 남았다고 해서 저는 제 방에 들어가 읽던 책을 마저 읽었습니다.

그런데 오늘 아침이었어요. 출근 준비를 하는데 집 안에서 싸우는 소리 대신 웃음 소리가 들리는 거예요. 정말 놀랄 뻔했답니다. 그건 애들이 웃으면서 큰소리로 번호를 외치는 소리였어요.

"2번!"

"좋아. 하지만 너 7번도 있다!"

"아니, 5번이잖아!"

"3번도 잊은 건 아니겠지?"

저는 아이들이 말하는 번호가 어젯밤에 적었던 불평 번호라는 걸 알아차렸어요. 보통 가정에서의 아이들 대화와는 좀 다르긴 했지만 서로 화해를 위한 첫걸음임에는 분명했답니다.

어느 편도 들지 않기

아이들이 싸울 때 어느 편도 들지 않는 것, 제가 부모 교육 모임에서 가장 인상 깊게 들었던 거예요. 사실 우두커니 서서 아이들 이야기를 들어주는 것만으로 무슨 도움이 될까 싶었는데 지난 주 직접 경험을 해보니 정말 신기하더군요.

아침에 출근 준비를 하느라 바쁜데 아이들 방에서 목청이 찢어지는 소리가 났습니다. 달려가 보니 서로 밀치면서 육박전이 벌어졌더군요.

"잠깐! 너희들 뭐 화나는 일 있니?"

열세 살인 하은이가 소리쳤어요.

"얘가 제 양말을 못 꺼내게 하잖아요."

"주은아, 언니 말이 네가 양말도 못 꺼내게 했다는구나."

열한 살인 주은이가 대답했어요.

"그래요. 제가 치마를 꺼내려는데 언니가 먼저 서랍장 문을 닫잖아요. 하마터면 손가락 부러질 뻔했다고요."

"하은아, 주은이 말이 치마를 꺼내려는데 네가 서랍장 문을 닫았다고 하는구나."

"아니에요. 그때 얘는 있지도 않았다고요!"

서로를 향해 비난하는 말을 그대로 따라서 중계한다는 건 정말 힘든 일이었어요. 제가 모임에서 잘못 들은 건 아닐까 하는 생각까지 들었지요. 그러다가 배운 대로 해봤어요.

"애들아, 일이 꼬여 복잡할 때 엄마가 가끔 쓰는 방법인데, 그럴 때는 지우개로 완전히 지우는 거야."

저는 벽에 대고 지우는 시늉을 했어요. 그런 다음 이렇게 말했지요.

"자, 이제 깨끗해졌으니까 처음부터 다시 시작해 봐. 그럼 엄만 나간다."

그러고는 아이들 방에서 나왔어요. 물론 마음이 놓이지 않아 어떻게 하는지 문 밖에 서서 엿들었지요.

"좋아, 주은아. 엄마가 알려주신 대로 해보자. 내게 이렇게 말해 봐. '언니, 여기 서랍에서 치마를 꺼내고 싶어.' 그럼 나는 '알았어. 너부터 꺼내.'라고 말할게."

"언니, 그런 바보 같은 짓은 나중에 해. 지금 그럴 시간 없어. 학교에 늦었다고!"

그걸로 만족해야 했습니다만 아마 제가 없을 때 어떤 식으로든 둘이 잘 풀어갈 거라 믿어요.

기분 상자를 만들어요

남편의 아들과 제 아들은 어쩜 그렇게 극과 극인지 모르겠어요. 서로를 위하는 마음도 전혀 없고요. 한 명은 혼자 조용히 있기를 바라는 반면, 한 명은 같이 놀고 싶어 안달이 나서 짓궂게 굴어요. 게다가 둘 다 이쯤 그렇게 눈치가 없는지, 그나마 제가 곁에 있으면 중재 역할을 하는데 날마다 붙어 있을 수도 없고, 정말 난감한 일이 많았지요.

그때 기분 상자가 떠올랐어요. 마분지로 정육면체를 만들어 기분에 따른 색깔을 칠해 놓은 상자 말예요. 저도 아이들에게 그 기분 상자를 만들어 주기로 했어요.

기분 상자를 열심히 만드니까 두 아이가 궁금해하면서 다가오더군요. 그래서 간략하게 말해 주고 기분을 나타내는 색깔을 정하라고 했지요.

회색 : 피곤함   파란색 : 실망감   빨간색 : 분노함
검은색 : 불쾌함   노란색 : 행복함   녹색 : 기분 좋음

이렇게 정한 뒤 그때그때 자신의 상태를 색깔로 나타내라고 했어요. 그랬더니 자연스럽게 상대방의 기분을 알 수 있게 되었지요.

지금도 우리는 이 상자를 잘 사용하고 있어요. 언젠가 하루는 시영이가 주방으로 들어오면서 말하는 거예요.

"엄마, 재준이의 기분 상자가 검은색이에요. 재준이한테 무슨 일 있어요?"

저는 재준이가 축구 시합에서 졌다고 말해 줬어요. 그랬더니 시영이가 그날 재준이한테 무척 잘해 주더군요.

또 하루는 재준이가 주방에 와서 이렇게 말하는 거예요.

"제 야구 글러브 어디에 있는지 아세요? 이거 시영이한테 물어보면 안 되겠죠? 지금 기분 상자가 빨간색이에요."

처음에는 기분 상자가 이렇게까지 효과를 발휘할 줄은 몰랐어요. 하지만 상대의 기분을 알다 보니까 조심하게 되더라고요. 기분 상자의 덕을 우리 가족 모두 톡톡히 보고 있답니다.

싸움을 그치고 배려심을 키워주는 부모코칭 노하우

우리는 수없이 많은 부모 교육 모임을 열었다. 그 모임을 통해 많은 부모들을 만났고, 또 많은 의견과 아이디어들이 나왔다. 그중에서 부모라면 반드시 알고 넘어가야 할 것들을 아래에 소개한다.

첫째, 적어도 일주일에 몇 번은 아이와 개인적인 시간을 갖는다. 이때 주의할 것은 단 둘이서만 시간을 보내야 한다는 것이다. 눈코 뜰 새 없이 바빠 아이와 함께하는 시간을 내기 힘들더라도 이는 아이의 정서적인 성장에 도움이 된다는 것을 기억하자. 아이는 부모와 일 대 일의 관계를 가짐으로써 다른 형제를 배려하고 돌볼 수 있다.

만일 아이와 시간 약속을 정했다면 그 시간만큼은 아이에게 충실해야 한다. 혹시 전화가 와도 아이와 함께하는 시간이니 전화를 길게 할 수 없다는 말을 아이가 들을 수 있도록 한다.

"네, 하지만 지금은 큰아이와 함께 있는 시간이라서요. 나중에 전화드리겠습니다."

이 말을 들은 아이는 '엄마가 나와 함께 있는 시간을 소중하게 여기는구나.'라고 생각해서 자존감이 높아지고, 결국 다른 형제들도 배려하고 잘해 주게 된다.

다음은 어떤 어머니가 들려준 이야기다.

저는 세 아들을 둔 엄마예요. 지난 주 모임이 끝나고 집으로 돌아가는데 둘째가 생각나더군요. 둘째는 원래 가운데 끼여서 별로 존재감이 없잖아요. 그래서 다음 날 둘째 민교한테 같이 시장에 가자고 했어요. 둘이서만 간다니까 좋아하더군요.

우리는 차를 타고 가면서 이런저런 이야기를 나누었어요. 그러다가 민교가 갑자기 이런 말을 했어요.

"엄마, 저는 민수 형이나 민준이로 태어날 걸 그랬어요."

저는 잠깐 당황했지만 이내 침착하게 물었어요.

"왜? 왜 그런 생각을 했어?"

"형은 우리를 막 부려먹어도 되고, 동생은 어른들이 무조건 귀여워하잖아요."

저는 그렇지 않다고 말하려다 다시 이렇게 말했어요.

"엄마는 지금의 민교가 좋은데? 민수 형이나 민준이가 되는 것보다 지금의 민교가 훨씬 좋아."

"정말요?"

"물론이지. 만일 네가 다른 사람이 되면 엄마는 널 잃어버리는 게 되잖아. 그럼 엄마는 무척 슬플 거야. 엄마의 민교가 사라지는 거니까."

그랬더니 글쎄, 민교가 팔을 뻗어 제 팔을 톡톡 치며 다독여 주는 거예요. 정말 놀랐어요. 그제야 저는 일주일에 몇 시간씩은 아이들 각자와 단 둘이만 있어야겠다는 생각을 했어요. 아이에게 부모가 자신을 얼마나 소중하게 여기는지 반드시 알려줄 필요가 있다고 생각해요.

이때 주의할 점은 다른 아이에 관한 이야기는 가능하면 하지 않는 게 좋다는 것이다. 예를 들어 지금 은채와 쇼핑을 하고 있다. 그런데 은채한테 입히기에는 좀 크지만 예뻐 보이는 옷이 눈에 띈다. 그때 "저거 언니한테 잘 어울릴 거 같지 않니? 저거 언니가 입으면 긴 머리와 잘 어울리겠어."라고 한다면 은채는 어떻게 생각할까?

'엄마는 여기 있지도 않은 언니까지 챙기는 거야? 그럼 나랑 왜 왔어?'

형제들끼리 서로 우애 있게 지내라는 말도 아이들은 곡해해서 받아들이기 십상이다. 따라서 그 아이와 있을 때는 온전히 그 아이에게 충실해야 한다.

어떤 부모는 아이들을 공평하게 대해야 한다는 강박감에 사로잡혀 있기도 하다. 자식을 키우다 보면 좀 더 정이 가는 자식도 있게 마련인데, 그 자식을 오히려 멀리하는 것이다. 상대적으로 정이 덜 가는 아이에게 잘해 주고 정이 가는 아이한테는 차갑게 대한다면 아이들은 혼란에 빠질 수 있다.

'엄마가 갑자기 왜 저러지? 내가 뭘 잘못했나?'

갑작스럽게 사랑을 받게 된 아이 역시 부모를 믿지 않기는 마찬가지다.

'엄마가 저러는 게 수상해. 무슨 속셈이 있을 거야.'

따라서 부모는 아이들을 대할 때 정성껏 진심을 다해야 하고 현실을 인정해야 한다.

둘째, 아이들을 서열로 나누는 건 최대한 지양해야 한다. 첫째, 둘째, 막내 등 이런 식으로 서열을 정해 놓으면 아이들은 그 역할에 충실하려는 경향이 생긴다. 아울러 이것 때문에 형제들이 싸우기도 한다. 이와 관련해 부모들이 말한 것들을 다음에 소개한다.

서열의 틀에서 벗어나기

아이들에게 서열을 규정화하면 안 된다는 말을 듣고 고민을 많이 했어요. 그래서 고민 끝에 언니와 동생한테 전화를 걸었지요. 큰딸을 언니 집에 보내 사촌언니들과 놀게 하고, 작은딸은 동생네 애들을 불러 같이 놀게 했어요. 사실 우리 애들은 서열의 전형적인 틀에서 벗어나지 못했어요. 열 살인 큰딸은 진지한 편이었고, 여섯 살인 막내는 어리광이 말도 못했죠.

그런데 사촌들과 하루를 지내게 하니까 아이가 완전히 달라진 거예요. 큰딸은 언니들이 자기한테 얼마나 잘해 줬는지 잠자리에 들 때까지 재잘거리며 언니들이 가르쳐준 아이돌 춤까지 추더군요. 반면 작은딸은 동생네 아이들을 돌보며 제법 어른스럽게 굴었답니다.

동생이 생긴 첫째의 아기 놀이

둘째가 태어난 후 다섯 살 된 첫째딸이 갑자기 '아기 놀이'를 하자는 거예요. 저는 잠깐 당황했지만 장난감 젖병을 갖고 같이 놀아주기로 했어요. 젖병에 물을 가득 채우고 첫째딸에게 주면서 이렇게 말했지요.

"아가, 이리 와서 우유 먹어야지."

하루는 역할을 바꾸어서 했어요. 제가 아기 역할을 하고 딸이 엄마 역할을 하는 걸로요. 첫째딸은 그 놀이를 무척 좋아했어요. 그래서 우리는 일주일 내내 그 놀이를 했지요. 그러던 어느 날 첫째딸은 젖병을 내려놓더니 이제 옷 입히는 놀이를 하자고 하더군요.

두 남매의 역할 교환

하루는 열한 살 난 큰딸한테 이제 엄마는 그만 도와줘도 되니까 방에 들어가서 책을 읽으라고 했어요. 대신 일곱 살 난 아들을 불러 큰딸이 하던 일을 시켰어요. 숟가락과 젓가락을 가지런히 놓고 식탁 정리하는 일을요.

그랬더니 아들이 엄청 좋아하며 그 일을 하더군요. 큰딸도 맏이로서 집안일을 도와야 한다는 생각에서 벗어나게 되어 무척 기뻐했답니다.

가족끼리 외출을 하거나 외식을 하는 모습은 참 보기 좋은 풍경이다. 하지만 서로 사이가 좋지 않은 형제들이 한자리에 장시간 있어야 한다면 그것 또한 고역이 아닐 수 없다. 그 모습을 지켜보는 부모도 고통스럽기는 마찬가지다.

날씨가 무척 쾌청한 날, 모두 동물원에 놀러 갔다고 가정해보자. 작은아이는 큰아이와 보조를 맞추기 위해 빠른 걸음으로 따라가는데, 큰아이는 그걸 놀려먹기 위해 마구 앞으로 달려가며 작은아이를 향해 소리친다.

"저기 느림보 거북 좀 봐요. 엉금엉금 뒤뚱뒤뚱!"

그러면 작은아이는 영락없이 울음을 터뜨린다.

또 작은아이가 아이스크림을 먹자고 하면 큰아이는 핫도그를 먹고 싶다며 주장을 굽히지 않는다.

"왜 나는 매일 동생이 하자는 대로만 해야 해?"

그러다 보면 아이들끼리 투닥거리며 싸우게 되고 나중에는 서로 마구 험담을 늘어놓으며 고자질을 한다. 그것뿐만이 아니다. 보고 싶어하는 것도 달라서 작은아이는 곤충을 보고 싶다며 곤충박물관에 가자고 조르고, 큰아이는 사자를 보고 싶다며 동물원에 가자고 한다. 그러다가 한쪽 뜻에 따르면 한쪽은 피곤하다며 집으로 가자고 조른다.

부모는 아이들 사이에 끼여서 이러지도 못하고 저러지도 못하고 집에 돌아올 땐 기쁜 마음이 아니라 스트레스만 가득 받게 된다. 아이들도 마찬가지다.

이럴 때는 부모가 가족끼리 같이 보내야만 좋다는 생각을 버려야 한다. 왜냐하면 가뜩이나 사이가 좋지 않은 형제 관계가 더 나빠질 수 있기 때문이다.

대신 이런 방법을 쓰는 것도 좋다. 큰아이는 아빠와 함께 동물원에, 작은아이는 엄마와 함께 박물관에 가는 것이다. 혹은 놀이공원에 다 같이 간다 해도 둘씩 짝을 지어 특별히 좋아하는 것 위주로 돌아다니는 방법도 있다. 그럼 서로 취향대로 즐기고 좋은 기분으로 돌아올 수 있다.

셋째, 형제가 죽기 살기로 싸우는 것은 서로에 대한 애정이나 존중감이 없기 때문일 수도 있다. 부모가 형제가 서로를 좋아한다는 것만 알게 해주어도 관계가 좋아질 수 있다.

다음은 모임에 참석했던 두 아버지가 들려준 이야기다.

존경받는 오빠가 될래요

저는 여동생을 항상 때리고 못살게 굴었어요. 부모님은 늘 저 때문에 골치가 아프셨지요. 그런데 제가 부모님 한마디 때문에 여동생을 더 이상 때리지 않았다는 게 믿어지세요? 어느 날 부모님이 저에게 이렇게 말씀하시더군요.

"승환아, 네 여동생이 그렇게 행동하는 건 널 존경해서야. 너한테 오로지 잘 보이고 싶어서 그런 거란다."

그 말은 정말 효과 100퍼센트였어요. 얼마 후 여동생이 또 저한테 기어올라와 귀찮게 했는데 순간 쥐어박고 싶더라고요. 하지만 부모님 말씀이 생각나서 참았지요. 그 뒤로는 여동생을 때리는 습관이 없어졌답니다.

서로에 대해 잘 알았더라면

형은 제게 신과 같은 존재였어요. 잘생기고 못 다루는 악기가 없어서 인기가 많았지요. 그런데 저한테만 지독하게 굴었어요. 저를 미워해서 그러나 보다 하고 지지 않고 형에게 대들었죠. 사실 형에게 상처 주는 말이라면 가리지 않고 다했던 것 같아요.

그런데 최근에 형의 얘기를 듣고 깜짝 놀랐어요. 저랑 반대로 생각하고 있었더라고요. 제가 귀엽고 똑똑해서 부모님 사랑을 독차지했다고, 또 자기는 성적이 바닥을 기는데 제 성적은 상위권이어서 자격지심으로 저를 괴롭혔다고요.

이 말을 듣고 보니까 우리가 서로 잘 알았더라면 그렇게 지내지 않았을 거란 생각이 들더군요. 실은 둘 다 서로를 부러워한 거잖아요. 이걸 어머니께 말씀드렸더니 이렇게 말씀하시더군요.

"그걸 이제야 알았니? 엄마는 너희 둘이 싸울 때도 서로 부러워서 그런다는 걸 알고 있었는데."

"저희는 몰랐거든요! 말씀해 주셨어야죠!"

차가 잘 달리기 위해선 정기적으로 정비를 해야 하듯이 가족관계도 정기적으로 점검하는 것이 좋다. 가족회의가 좋다는 걸 아는 사람은 가족회의를 해본 사람들이다.

다음은 어느 10대 소녀가 한 이야기이다.

"가족회의가 좋은 점은 서로 모여 이야기를 하다 보면 긴장을 해소할 수 있다는 거예요. 집에서 일어나는 아주 자질구레한 일까지 얘기하다 보면 서로 좋은 의견을 내놓을 수 있고, 반대되는 의견도 조율할 수 있어서 좋아요."

옆에 앉았던 소녀의 엄마가 덧붙여 말했다.

"서로에게 어떤 도움을 줄 수 있는지, 또 생각해내지 못한 게 뭐가 있는지 아주 창의적인 시간이 되기도 해요."

어떤 아버지는 차를 타기만 하면 뒷자리에서 아이들이 시끄럽게 떠들어대는 바람에 운전에 집중할 수 없다는 걸 가족회의에 붙여 좋은 결과를 얻었다고 했다. 그걸 안건으로 내놓자 서로 어떻게 하면 안전하고 기분 좋게 차를 타고 갈 수 있는지 아이디어를 내놓더라는 것이다. 말잇기 놀이를 하자, 노래를 하자, 게임을 하자, 수수께끼 놀이를 하자 등 서로 의견이 분분했지만, 분명한 것은 운전하는 아빠한테 스트레스를 주지 말아야 한다는 것으로 의견을 모았다는 것이다.

어떤 어머니는 가족회의를 처음 열었던 것에 관한 이야기를 편지로 써서 보내 왔다.

가족회의를 열어야겠다고 마음먹은 순간, 뭐 특별한 아이디어가 없을까 생각했어요. 그때 아이들에게 초대장을 보내야겠다는 생각이 들었답니다.

〈가족회의 개최 안내〉

장소 : 거실

시간 : 금요일 저녁 7시

준비물은 없고 옷은 자유롭게 입어도 돼요. 모두 그때 봐요.^^

아이들의 반응은 뭐 시큰둥했어요.

"가족회의?"

"난 흥미 없어."

"무슨 얘기를 해야 하는데?"

"옷은 자유롭게 입으라니, 그럼 뭘 어떻게 입어야 하는데?"

"좋아, 회의에 가서 이 얘길 해야겠어."

드디어 첫 가족회의가 열리는 날, 첫 안건은 '집에 불이 나면 어떻게 해야 할까?'였어요. 탈출 방법과 주의할 점에 대해 이런저런 이야기를 나누었지요. 그런 다음 강아지는 누가 목욕을 시키며, 텔레비전 시청 시 우선권은 누구에게 주어야 하는가 등 우리 가족에게 소소히 일어나는 일들을 말했어요.

그러다가 잠깐 침묵이 흘렀는데 갑자기 열한 살짜리 첫째가 이렇게 말하는 거예요.

"난 우리 집이 세상에서 제일 좋아요. 그래서 행복해요."

그러자 둘째가 나서더군요.

"나도 그래요. 우리 가족이 최고로 좋아요."

이 말을 듣자 제 눈에는 감동의 눈물이 고였어요. 가족회의가 이처럼 큰 감동을 안겨 주리라고는 꿈에도 생각 못했거든요. 불과 20분밖에 걸리지 않았는데, 우리 가족은 전보다 백배나 더 친밀해진 느낌이 들었어요.

이 이야기들은 부모의 적절한 개입과 노력에 의해 형제 관계가 극적으로 좋아진 경우다. 하지만 형제 관계란 지극이 유동적이고 변화가 심해서 이러한 방법들이 항상 통하지 않는다는 데 주의할 필요가 있다.

인생의 시기에 따라 형제자매들은 서로 만나기도 하고 헤어지기도 한다. 형제자매들의 우애가 항상 좋으면 얼마나 좋겠는가. 하지만 인간의 마음이 변화무쌍한 것처럼 형제자매의 우애도 들쭉날쭉하다. 다만 부모들이 몇 가지 기술을 삶에 적용하면서 사랑하는 마음을 거두지만 않는다면, 형제들이 사이좋게 지내는 데 방해되는 요소들을 없앨 수가 있다. 아니, 최소한 미워하는 마음을 줄일 수는 있다.

물론 부모가 그 기술을 배우는 것은 녹록지 않은 일이다. 먼저 부모 자신의 감정을 다룰 줄 알고 아이들의 감정을 스스로 조절할 수 있도록 도와줘야 한다. 또 아이들의 감정을 적절히 이용해서 형제간의 적대적인 감정을 우호적인 감정으로 바꿔 놓아야 한다.

우리는 이런 방법들을 통해 아이들을 배려심 많고 지적이며 이해심 많은 아이로 키울 수 있다. 아울러 서로 다른 개성을 가진 아이들이 험난한 이 세상에서 서로 배려하고 협력하며 조화롭게 살아가는 법도 가르칠 수 있다.

가정은 인간이 처음으로 어떻게 관계를 맺어야 하는지 알려주는 곳이다. 부모가 된 우리는 아이들에게 어떻게 관계를 맺으며, 형제끼리 치고받고 싸우면서도 어떻게 서로 이해하고 사랑해야 하는지 그 방법을 알려줘야 한다. 왜냐하면 아이들은 우리의 영원한 사랑이고 선물이니까……